さいはての中国

安田峰俊
Yasuda Minetoshi

JN229289

小学館新書

序章　中国人による中国人のためのチャイナタウン―埼玉県西川口―

「すごい。安田さん、どう見ても完全に中国人ですよ！」

埼玉県西川口駅の改札口で、張《チャン》に褒められた。彼は20代前半の在日華僑2世の学生であり、今日の取材を手伝ってくれることになっている。

2018年6月、小学館の雑誌『SAPIO』の2ページの小企画だった。最近、この街には中国人が増え、特に駅南西部の繁華街はほとんど中国の地方都市みたいになっている。だが、従来の記事は表面的なグルメレポートか、地元住民と中国人の摩擦を報じるような紋切り型の内容ばかりである。

そこで私の担当記事では、この街で半日間「中国人」として振る舞い、普通の日本人では見られない街の裏側を見てみることにしよう――。

とまあ、今回はそういう取材なのである。

「その格好、自分で決めたんですか？」

「うん。いくつか自分の会社を持っているような、中国人の30代の実業家に化けた」

私の服装は、ユニクロの臙脂《えんじ》色の薄いパーカーと無印良品のジーンズ、靴は黒のアディダスのスニーカー。ただし、左腕に巻いているのはレンタル屋で調達したオメガの高級時計だ。靴は新品で、髪の毛は切りたての短髪をジェルで固めている。

振る舞いも重要である。別に根拠はないが常に自信ありげな態度で、大ぶりの身のこなしをしながら、ちょっと顔をしかめつつ手元のｉＰｈｏｎｅ Ｘをいじっていると、当世の勝ち組の在日中国人っぽく見える。幸か不幸か、私の体型が小太りなのも助かる。

「僕は君の親戚の兄ちゃんか何かで、カネを払う人間。中国語の発音でバレると困るから、あまり喋らない。君は下宿先を探す留学生のフリをして、いろいろ聞いてみてくれ」

「なるほど。了解しました」

私と張が目指したのは、駅の近くにある中国系のＱ不動産だった。

数か月前に別の取材で訪れたときには、私が日本人だったせいか「中国のお客さんなんて一人も来ませんよ」と、けんもほろろにあしらわれた店である。

——西川口は、いまだにその地名を聞くとニヤニヤ笑う男性が多い街だ。

一昔前まで、駅北西部に100〜200軒もの違法風俗店が集中し、一部の好事家《こうずか》に有名だったからだ。店舗では男性客に1時間1万円程度でサービスが提供され、特に2000年代に入ってからは不法就労の中国人女性ワーカーが多く勤務していた。

これらの店舗は2008年ごろに一掃された。結果、良くも悪くも従来の街を支えていた産業が消え、街は活気を失いさびれてしまった。

ところが、近年になり駅南西部を中心に、中華料理店をはじめ中国系商店が急増。いまや、多くの在日中国人の故郷である中国東北部（旧満州）や福建省の料理をはじめ、重慶の麻辣燙《マーラータン》、雲南省の過橋米線《グオチャオミイシエン》、湖北省の鴨脖《ヤーボオ》、甘粛省の蘭州拉麵《ランヂョウラーミエン》、新疆ウイグル自治区のラグメン……と、中国各地の味が揃うようになった。

日が落ちると極彩色のネオンがギラギラと輝き、中国国内の田舎町をそのまま持ってきたような、怪しい熱気に満ちた街に変貌《へんぼう》する。川口市の中国人人口は、3年前と比較して25％増の約2万人に達した。

「中華料理店は最近数年以内の出店が大部分だね。店が多い場所も、昔の風俗街とは大通りを挟んで逆の路地だ。当時の風俗店では中国人の女の子が多く働いていたけれど、経営者は日本人だったらしい。現在のこの街の中国人とは、あまりつながりがないよ」

Q不動産の社員が、張に向かって話している。「中国人」である私たち2人の身元はバレていない。私は言葉を発さず、大人然《たいじん》としてふんぞり返っていたが、遼寧省《りょうねい》出身の20代後半の社員氏はまったく疑っていないようだ。

同社は社長以下ほとんどの社員が中国人で、西川口に店舗を構えて5〜6年目である。

「この街の中国人かい？　うーん、やっぱり学生さんが多いね。都内の大学や語学学校に通うのに、この辺に住むのが便利みたいだ。中国人にとって暮らしやすい街だからね。家族連れのサラリーマンも住んでいるよ。やはりベッドタウンとして使うみたいだ」

やがて、実際に部屋を見せてもらうことになった。

駅徒歩7分、築3年、専有面積20平方ｍで共益費込み6・9万円。まずまずの物件だが「激安」でもない。当世の中国人留学生の生活水準の向上を感じさせる部屋である。

「なかなかだな。仮にこの部屋を買った場合、いくらだい？」

私が口を開く。中国人にはモノを見るたびに値段を聞くのがクセみたいになっている人もいるので、こう聞くのはあまり不自然ではない。

「このくらいの物件なら600万〜1000万円くらいですかね。あなたのように賃貸経営用に購入する中国人も多いですよ」

「こういう部屋なら入居者も多そうだね」

「そうですね、入居者は絶えずいますよ。留学生に人気です」

ふむふむ、と言いながらスマホに会話内容を打ち込む。

この後、私は張と一緒に客も店員も全員が中国人のネットカフェに入店して、留学中にもかかわらずインターネットゲーム（ネトゲ）にハマっているダメ留学生たちを冷やかし、新疆料理店でラグメンを食べた。

それから、やはり中国人しかおらず店内の張り紙も中国語でしか書かれていないKTV（カラオケ屋）に入店して、中国共産党のプロパガンダ歌謡や人民解放軍の軍歌を熱唱して遊ぶ。存分に西川口での中国人ライフをエンジョイすることに成功した。

日本では他にもチャイナタウンがあるが、戦前に来日した老華僑の街である横浜中華街や神戸の南京町はもちろん、改革開放政策後に来た新華僑たちが形成した「ニュー・チャイナタウン」である池袋北口などと比べても、西川口の「本国感」は濃厚だ。

池袋北口は日本の街のなかで中国人の商店が営業している感じだが、西川口の一番ディープな通りは、中国の田舎町をまるごとコピーして持ってきた、と形容したほうが正しい。中国人的ライフスタイルをここまで貫けるほど、中国そのままの場所なのだ。

——この半日間、店舗内で日本語を使った回数、ゼロ。

今日の仕事もうまくいった。あとは家に帰って原稿を書くだけだ。

一生見ることがない世界

そろそろ自己紹介をしておこう。私は中国をメインに取材をおこなっているルポライターだ。学生時代に東洋史（中国史）を専攻していたこともあって、1989年の六四天安門事件や現代中国の少数民族問題のようなハードな話から、ミャンマーの中国系軍閥や西川口の新チャイナタウンや中国のアダルトグッズ市場といったマニアックな話題にいたるまで、およそ彼《か》の国に関係することは何にでも興味を持って首を突っ込む人間である。

本書は、そんな私が中国国内外で取材をおこない、『SAPIO』に寄稿した原稿を大幅に改稿してまとめ直したものだ。

書中のトピックには、深圳のネトゲ廃人や北米の「反日」華人組織など、大手メディアではあまり大きく取り上げられないであろう、マニアックな話題も多い。ただ、話題はマニアックでも、本書はマニア向けに書いた本ではない。むしろ筆者としては、日常生活で中国との接点がそれほど多くない人に、きっと一生見ることがない世界を気軽に体験してもらおうと考えて書いたつもりである。

近年は中国企業の勢いを評価して中国を見直す人もいるらしいが、大多数の一般的な日本人の間における中国は、政治的に不自由で「反日」的で、環境汚染がひどくて食品が不衛生的なひどい国、という最悪のイメージが確立している。

「安田さん、はやく中国に行かないで済むようになればいいのにね」

私はときに、こうした思いやりに溢《あふ》れた言葉をかけられることすらある。私が借金のカタか罰ゲームかなにかで、わざわざ中国に行かされるようなひどい仕事を割り合てられていると勘違いする人もいるわけなのだ。

当世の日本人にとっての中国はかくも「行ってはいけない」国らしい。だが、中国の国家イメージが極端に悪いことと、実際に現地に行って「つまらない」ことはイコールではない。私は自分が面白いから、望んで中国へ取材に行ってばかりいるのだ。本書は、私がいかに変わった世界を見て奇想天外な事態に直面し、そこで何を考えたのかを読者に伝えてみたくて書いたものだ。

本書のタイトルでもある「さいはての中国」は、単純に地理的な辺境地帯だけを意味するわけではない。それは、誰も気にとめず注意を払わない、現代中国の未知の素顔を意味する言葉のつもりである。

そんな意味において、「さいはての中国」は東京都心から電車で30分の西川口の駅前にも存在する。もちろん、いまやスタイリッシュな国際都市に成長した深圳や上海にも、果てはカンボジアやカナダにも存在している。こうした中心から外れた場所にこそ、彼の国の本質を多角的に理解するうえで欠かせないピースの一片が埋もれているのだ。

さあ、ページをめくって、不思議な中国の旅に出発しよう。

さいはての中国　目次

本文中の為替レートは２０１８年８月20日時点で換算している（１元＝約16円、１ドル＝約１１０円など）。

第1章

中国のシリコンバレーをさまようネトゲ廃人たち

—広東省深圳市—

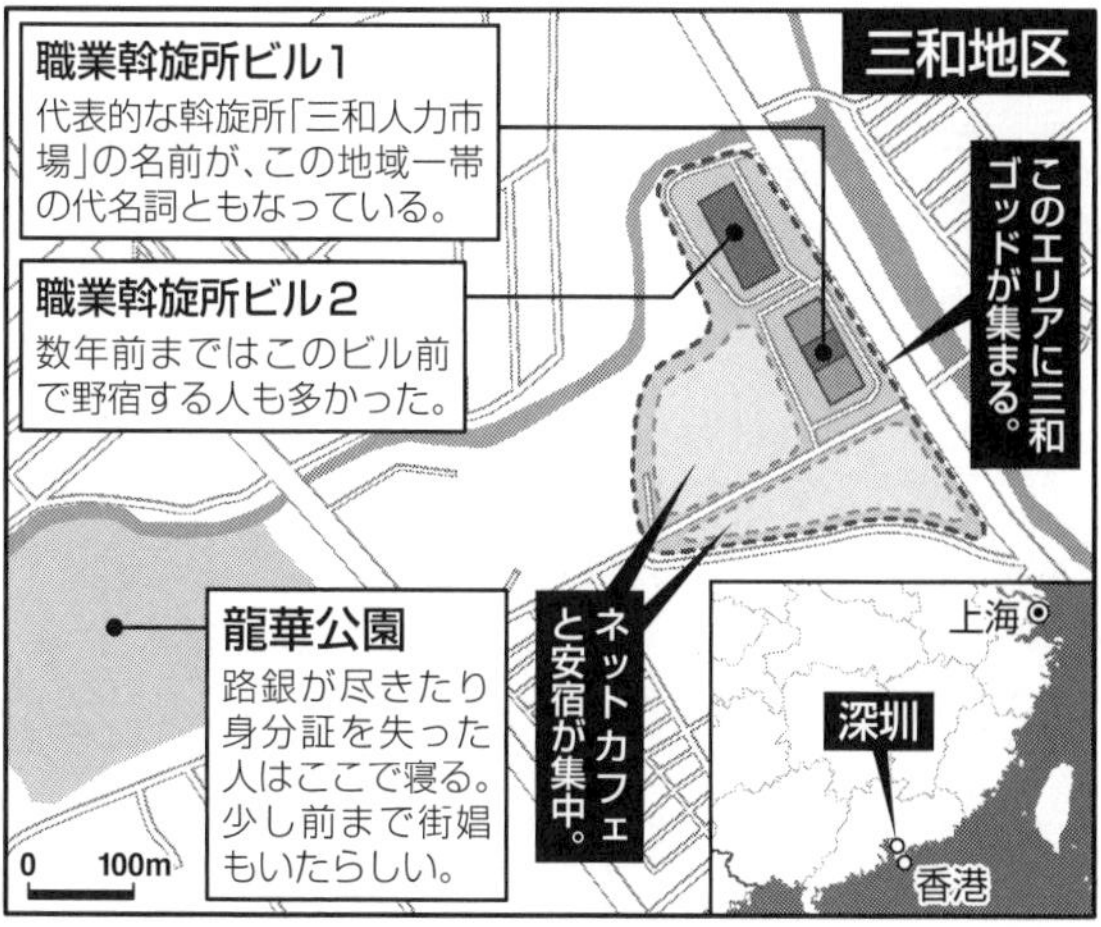

「深圳《シェンチェン》富士康《フーシーカン》、台湾一流企業、週5日8時間勤務、基本月収2200元（約3万5000円）！　寮あり食事あり、工場へ自動車の送迎あり！　ここに並んで、並んで！」

シールの剝《は》がし跡で薄汚れた拡声器を手に、フケ混じりの長い髪を後ろで括《くく》った若い女が叫んでいる。彼女は高校の文化祭の仮装衣装のようなペラペラのナイロン地の青いジャケットに、「免費《ミエンフェイ》 招聘人材《ヂァオピンレンツァイ》（手数料無料で求人受け付け）」と毛筆体の金文字で印刷された赤いタスキを巻いていた。

拡声器の周囲に群がるのは、垢じみたシャツをまくりあげて腹を出して涼《すず》む男に、原色のプラスチック製のスーツケースを引きながらタバコを吸い続ける男。ポロシャツの背に汗染みを付け、思いつめたような表情で中国メーカー製の格安スマホをいじる若者。フリルがやたらに付いたカーテンのような白いワンピースを体に巻きつけた、鼻の下に産毛を残した浅黒い肌の女――。

いずれも最近の中国の大都市の中心部ではめったに見かけない、野暮《やぼ》ったい空気を漂わせた20～30代くらいの男女である。

蒸発した汗と腋臭《わきが》とニンニクの口臭と、安タバコの煙が入り混じった臭気が匂い立つ。

中国がまだ貧しかった15年前の深圳《シェンヂェン》では街のどこでも嗅ぐことができたが、近ごろの市内では忘れて久しい臭いである。

季節は7月だった。求職者たちの群れを、華南の太陽が湿気を含んだ光でデラデラと照らす。私の全身に浮かんだ汗にも周囲の埃が絡みつき、肌の上にねっとりとした膜が張るような不快感が広がった。

ここは中国広東《グアンドン》省深圳市の郊外にある龍華新区《ロンホアシンチュイ》、三聯路《サンリエンルー》と東環一路《ドンホアンイールー》の交差点付近。行政上の地名は景楽新村《ジンラーシンツン》というが、現地の人たちはここにある「三和人力市場《サンホォレンリーシーチャン》」という職安の名を取って「三和《サンホォ》」と呼び慣らわしている。

「三和の一帯は職業斡旋を生業にする詐欺師が多く、私も15年ほど前に騙されてタダ働きをしたことがある。この手のトラブルは深圳の他の地域では近ごろずいぶん減ったが、三和では現在でも少なくないようだ」

かつて付近のエプソンの工場でドライバーを務め、現在は個人でハイヤーの配車業を営んでいる深圳市内在住の男性は、私の取材にそう語った。

サイバー・ルンペンプロレタリアート

かつての深圳は華南のさびれた小都市だったが、改革開放政策を提唱した鄧小平《ダンシャオピン》の肝煎りで1980年に経済特区に指定されると、先進地域の香港《ほんこん》に隣接する地の利を活かして急速に発展した。深圳の成立には現国家主席である習近平《シイジンピン》の父親・習仲勲《シイヂョンシュン》の功績も大きく、晩年に彼の隠居地ともなったことから、習近平ファミリーとの縁も深い。

現在、深圳は市民の一人あたりGDPが国内主要都市で1位の金持ち都市だ。ゼロ年代後半からは産業の主軸をIT・サイバー分野に転換。いまや中国最大のIT企業であるテンセントや、ドローンの世界シェア1位のベンチャー企業DJIなど、中国を代表するイノベイティヴな企業各社が本社を置く。物価も中国国内ではかなり高く、外食をする場合は日本よりもお金がかかることも多い。

だが、最先端サイバーシティ・深圳にはもうひとつの顔がある。

市の北部郊外の一帯には、シャープの親会社である台湾企業・鴻海《ホンハイ》（中国法人名・富士康）の40万人規模の大工場をはじめ、エプソン、ファーウェイ、BYDなど各国のデジタル製品メーカーの生産拠点が多数存在し、製造ラインを担う短期雇用の単純労働者を常に求めているのだ。その求人を担う場所のひとつが「三和」一帯の職業斡旋所である。

三和の付近では、食い扶持を求める若き求職者たちが中国の各地から集まり、スラム街を形成している。中国が貧しかった時代はありふれた光景だったが、近年の深圳がスマートな先進都市として名を知られたことで、ギャップの大きさが目立つようになった。

あたりをぶらぶらと歩き回ってみる。

路上には短期労働者や失業者があふれ、建物の壁には電子製品工場の求人チラシがベタベタと貼られている。格安の中古携帯の売買業者の店舗の前では、特価5元（約80円）の露天床屋が営業中だった。切り捨てられた髪の毛と一緒に「あなたの身分証《シェンフェンチェン》（IDカード）を現金化！　急にお金が必要な方はぜひ！」と書かれた怪しげな名刺大のチラシが散らばっている。

近年、行政当局により規制されたが、かつては野宿をする人も多かった。三和とは別の職安である海信人力市場《ハイシンレンリーシーチャン》の前に伸びる長細いコンクリートの段は、以前は雨露をしのげる最適な野宿場所として人気で、冗談交じりに「海信大酒店《ハイシンダージョウディエン》（海信ホテル）」と呼ばれていた。現在、野宿者たちの多くは三和から数百m離れた龍華公園の周囲に寝泊まりしている。

　三和と海信の人力市場がある場所に隣り合ったふたつの住宅区は、ひとまず宿代を支払える人たちの仮の生活拠点である。１部屋を複数人で用いる1泊15元（約２４０円）程度の簡易宿泊所や、市内他地域の5分の1程度の価格で食事ができる安食堂、アングラじみたインターネットカフェ（ネカフェ）などが軒《のき》を連ねている。

　踏切状のゲートを越えて区画内に入る。コンクリートの路面には腐ったカップ麺の臭いが漂い、一年中湿気が抜けないせいで黝《あおぐろ》い水苔が繁茂《はんも》していた。空き地には近年の中国の都市部を席巻しているシェアサイクルが乱雑に乗り捨てられている。

　昼間でも薄暗い路地だ。すでに元の色もわからないほど黒ずんだ壁の建物ばかりの街で、ド派手なサイバー調のインターネットゲーム（ネトゲ）のキャラクターのイラストを全面にあしらったネカフェの看板だけが異常に鮮やかな色彩を添えていた。

この街は、いわば『あしたのジョー』や『じゃりン子チエ』に登場した昭和時代の短期労働者の街「ドヤ街」の現代中国版だ。かつて日本では、そうした街で「口入れ屋」を通じて肉体労働を探し、その日の稼ぎを安酒やギャンブルに費消する人たちがたくさんいた。経済成長を続ける中国にも同様の場所があるというわけだ。

ただし、三和が存在するのは21世紀である。

多くの20〜30代の短期労働者たちは、どんなに貧しくてもスマホを持ち、パソコンも使える。働き先は土木・建設系の工事現場よりも、スマホやタブレットPCを製造するデジタル工場が選ばれる。彼らが稼いだカネを注ぎ込む先も、ネトゲやスマホのアプリ課金、オンラインカジノといったサイバーな娯楽が多い。

三和に数十軒も軒を連ねる格安ネカフェは、メールの送受信やウェブ検索のためではなく、もっぱらネトゲとオンラインカジノで遊ぶための施設だ。日本でいうパチンコ屋やゲームセンターに近い存在なのである。

「1日働けば、3日遊べる――」

この街に集まる若き短期労働者たちは、自分たちの刹那《せつな》的な生活をそんな言葉で皮肉る。

月に2週間ほど、無味乾燥な工場のラインに立ってデジタルガジェットの製造労働に従事し、カネが貯まればサイバー娯楽につぎ込んで、軍資金が切れれば再び工場に戻る。

いまなおマルクス・レーニン主義を標榜する共産党政権のもとで社会主義国家の看板を掲げつつも、日本よりもはるかに大きな所得格差が存在する中国社会。その低層で蠢《うごめ》く、人生の大部分をデジタルに支配された下層労働者たち。いわば「サイバー・ルンペンプロレタリアート」とでも呼ぶべき人たちが三和には大勢いる。

彼らはいつしか、中国のネット上で「三和ゴッド」（三和大神《サンホォダーシェン》）と呼ばれはじめた。本来は神様とは真逆にある生活実態を皮肉った言葉だが、いまや自称ともなっている。

身分証を売って金を作る

「過去、1年4か月くらい三和で暮らした。朝から晩までネトゲ三昧だったが、最低の生活だったぜ」。かつて三和ゴッドとして暮らした経歴を持つ譚茂陽《タンマオヤン》（当時23歳）は言う。

私は中国の大規模ネット掲示板群『百度貼吧《バイドゥティエバ》』の三和ゴッド・コミュニティを読み込んだり、中国大手IT企業テンセント社の人気チャットアプリ『QQ《キューキュー》』上に存在するいくつかの三和ＱＱ群《キューキューチュン》（コミュニティグループ）に加入したりして、何人かの三和の住民（元住民を含む）たちに取材を承諾してもらった。彼らは若者が多いので日本人の私に好奇心を持つ人もいた。社会の周縁に身を置くがゆえにかえって承認欲求が強いのか、自分語りが好きそうな人も少なくなかったので、取材対象者探しは意外とスムーズに進んだ。

　譚はそのなかの１人である。湖南省《フゥナン》郴州《チェンヂョウ》市郊外の農村部出身。やや横に大きい大柄で、洗濯を繰り返して小さな穴が開いたＴシャツを着ていた。

　彼が三和に沈んだ理由は借金だった。

　２０１０年、譚は中学を卒業した後に深圳に出て工場労働者になり、やがて郊外の大浪《ダーラン》で小さな食堂を友人と共同経営しようと考えた。だが、創業資金５万元（約80万円）のうち彼が２万元を負担した店は、たった２か月で倒産した。法律がよくわからず、無許可のまま路上で焼きソバを売ったところ、通報されてしまったのだ。

「その時点では手元に貯金が数万元が残っていた。潰れた大浪の店を離れて、羅湖《ルオフゥ》のネカフェでとりあえず寝泊まりすることにしたんだ。羅湖は市内の中心部にあるから、滞在費は１時間７元（約１１５円）で、そこそこ高かったな。……で、むしゃくしゃしたもんだから、ずっとネットで遊んでいて、カネがなくなった」

多額のお金が一瞬で消えた理由はギャンブルだった。

「腹立ち半分にやったネットカジノのバカラで、最初に50元（約800円）を賭けたら500元になったんだ。『オレは天才だ！』と思ってカネをガンガンぶち込んだら、数万元の貯金が残り5000元になった。それでも勝負を続けたら、有り金がゼロになってしまった。暮らしを立て直そうと思い、周囲の友達や、地元の親戚から6万〜7万元（約96万〜112万円）を借りることにした」

借金がさらに膨れ上がるまでそう時間はかからなかった。

「借りたカネを電子マネーにしてネット上に置いておくうちに、なんとなくネトゲとかネットカジノにログインするだろう？　生活費もかかるだろう？　ふと気がついたらカネはなくなっていたんだ」

近年の中国では、深圳に本社を置くテンセント系列のウィーチャット・ペイ（微信支付《ウェイシンヂーフー》）や、浙江《ヂェージャン》省に本社を置くアリババ系列のアリペイ（支付宝《ヂーフーバオ》）をはじめ、インターネット上で決済する電子マネーが日本以上に普及している。

だが、電子マネーはスマホやパソコンの画面上のみで数字が増減し、ワンタッチで手軽にお金を使えてしまう。譚のように消費の実感を伴わないままネット上の娯楽に散財し、破産する若者は後を絶たない。

やがて譚はカネを借りられる知人もいなくなった。

「そうしたらさ、『QQ』で『身分証を使ったらカネを借りられる』って知ったんだよ。で、数十軒のオンライン闇金から小額をプチプチ借りているうちに、さらに3万～4万元（約48万～64万円）の借金ができた。こうして食いつなぐうちに、生活費が安くて借金取りからも身をくらませられるって聞いて、三和に流れ着いたんだ」

彼が語る借金額が正確な数字かは不明である。だが、他の三和ゴッドの話やネット上の情報からも、こうした経緯で三和に逃亡する人間は少なくないようだ。

「三和では、自分の身分を売ればまだカネを作れる。アングラ業者に身分証を預けて、飛ばしの携帯や架空口座を作らせれば1回400元（約6400円）。アップルストアで一人あたりの購入台数が限られるｉＰｈｏｎｅの代行購入をやるような仕事もある。もっとヤバいやつだと、カラ領収書を発行する架空法人の代表を任されるケースもあったな。多重債務者なのに社長になれるんだぜ、架空だけどな」

ともかく譚は三和に流れ着き、このような環境のなかで暮らすことになった。２０１５年の初夏のことである。

ネトゲ廃人の一日

借金まみれになった譚茂陽は、三和でサイバーな娯楽にハマりこんだ。

もともと彼は深圳に来る前から地元でネトゲに親しんでおり、三和に来てネトゲ廃人と化するのは必然とも言えた。ゲームで多少の日銭を稼ぐこともできた（後述）ので毎日の食事くらいは困らなかったが、借金は未返済のまま。他の仕事もほとんどしなかった。

住み着いた先は一晩過ごしても5元（約80円）で済むネカフェで、簡易宿泊所すら滅多に利用しなかった。当時の譚の一日はこんな調子だ。

【朝8時】ネカフェの席で起床。昨晩「寝落ち」したネトゲにログイン。

三和地区のネットカフェで、オンラインゲームに興じ続ける若者たち。

【朝9時】店内にやって来る物売りのおばはんから包子《バオヅ》（中国パン）と豆漿《ドウジャン》（豆乳）を2～3元（約32～48円）で買い、ネトゲをしながら朝食。

【正午】昼食は摂らずネトゲを継続。

【夜7時】近所の食堂で4元（約64円）の掛B麺《グアビーミエン》（激安ラーメン）を食べたり、8元（約128円）で買った出前のぶっかけ飯をネカフェの座席上で食べたりして夕食。

【夜12時過ぎ】ネカフェの席で睡眠。一日が終了。


ほとんど、パソコンの付属品のような生活だ。

シャワー室やドリンクバーなどの快適な設備が整う日本のネカフェとは異なり、三和のネカフェは廃屋のような建物の1階にある路上からの吹き晒《さら》しだ。身体を洗える場所はない。大部分の店舗では個室もフラットシートもない。

自分の占有スペースは、何年も清掃されず背もたれマットが黒ずんでいる座席ひとつだけである。そんな場所でどうやって暮らせるものか。

「シャワーは1週間に1回ぐらいで、歯は磨かなかった。服ももともと1～2着しか持ってないし、そのまんま着っぱなし。今から考えるとあり得ないほど不潔だけれど、三和では周囲もそんなやつばっかりだったから、オレもなんとも思わなかった」

譚はお金がなくなると、座ったままでバイトをした。

実のところ、彼は有名ネトゲ『リーグ・オブ・レジェンド（LOL）』の深圳市布吉《プージィ》地区における最強プレイヤーの一人で、過去にeスポーツ選手としてスカウトされた経験もあるゲーム名人だったからだ（『LOL』は2018年のアジア競技大会で公開競技に指定されるなど、eスポーツのビッグタイトルとして知られる）。『LOL』のレベル上げの代行をおこなえば「200～300元を稼げて、工場より儲かった」という。手元の現金がすこし増えると、再びネットカジノにつぎ込んだ。

「未来はないけれど、カネもかからないしストレスもない生活だった。もはや正常な人間の暮らしとは言えないと思うけどね。オレも周囲の人間も、全員が人間のクズだったから、慣れると実に気楽だった」

そう話した譚だが、彼は2016年9月に三和での生活から足を洗い、現在はひとまず正業に就いている。

「三和の内部にいるならいい。でも、一歩外に出ると他人との差を感じた。ふと冷静になったときのプレッシャーがキツかった。あの暮らしには二度と戻りたくない」

現在、譚は深圳市郊外のフィットネスジムでアルバイトをしながら、借金の返済に追われている。

絶望のなかで欲望に負け続ける人々

「将来の目標は三和の堕落した暮らしから抜け出すことかな。でも、無理だろうね」

付近の喫茶店で異口同音にそう語ったのは、三和の簡易宿泊所で暮らしている短期労働者の老白《ラオバイ》（仮名、湖北省《フウベイ》荊州《ジンヂョウ》市出身、当時32歳）と阿飛《アーフェイ》（仮名、湖南省郴州市出身、当時30歳）だ。いずれも両親は出稼ぎ農民である。それぞれ、若いころに故郷を離れて短期労働を繰り返し、いつしか三和に流れ着いて30代になってしまった。

疲労・絶望・無気力・諦観……。彼らの出自は譚茂陽と似ているが、20代前半の譚が人生を諦めていなかったのに対して、老白と阿飛からは疲れ切った雰囲気だけが漂う。

「俺は肺が悪いらしく、鴻海や日系企業のような採用時の健康診断がある工場では働けない。だから、ろくに労働基準法を守らない中国系工場に行くしかないんだ」

老白は短軀痩身《たんくそうしん》で眉が濃く、短髪に無精髭を生やしていたが、全体的に自信なさげで弱々しい印象がある。半袖から伸びた左手に大きな刀傷があった。中学もろくに卒業しないまま故郷を離れ、海南《ハイナン》島でバイクを使う運送業に従事していた2007年、交通トラブルを起こした相手と口論になり斬りつけられたという。

深圳に来てからはデジタル製品工場や印刷工場のライン業務、ガードマン、城管《チエングアン》（都市管理を名目に地方政府に雇用されて露天商の排除などをおこなうパートタイムの官営暴力装置の構成員）などの仕事を転々としたが、貯金はゼロ。中国系企業のなかには、時給12元（約192円）で1日10時間以上も働かせる工場もあったが、老白にとって他の選択肢は限られている。

三和では仲間とのトランプ賭博の負けが込んだのに賭け続け、借金が1万元（約16万円）に膨らんだ。月収の4倍の金額であり、返済のメドはまったく立たない。病気になったときは、知人から薬代や通院費を借りるか、もしくは我慢するしかない。

老白が持つ中古の格安スマホには『YY』がインストールされていた。ネットアイドル志望の素人女子が動画をライブ配信する中国のアプリで、ユーザーは「推し」の女の子に電子マネーを「投げ銭」して応援する。老白の健康状態や経済状況からして、そんなことをしている場合ではない気もするが「自分はどうせ結婚できるわけがない」と話す孤独な人生の癒やしになっているようだ。

「もはや自分の運命は変えられない」

将来を尋ねると、老白はしばらくの沈黙のあとでそうつぶやいた。

いっぽう、阿飛は老白よりもやや小ぎれいで体格もよかったが、内向的な性格で人と目を合わせずに話す様子が印象的だった。もっとも『ＱＱ』の三和コミュニティで、率先して私に連絡を取ってくれたのは彼だ。本当は人恋しい性格らしい。

「僕は鴻海の工場でも働いたことがあるけれど、半月でやめた。給料は高いけれど管理が厳しいんだ。勤務中は携帯を触れないどころか、隣の人間と会話もできない。ミスをすると残業を禁止する罰もあった」

所作が明らかに不器用そうな阿飛は、工場のシステマティックな労働には向いていないように見えた。だが、中学を卒業してすぐに広東省に出てきた彼にとって、他にできる仕事はない。

ただ、そんな阿飛にはかつて結婚できるチャンスがあった。24歳の頃に地元の親戚に紹介された婚約者の女性がいたのだ。阿飛は深圳、彼女は隣町の東莞《ドングアン》の工場で勤務。だが、お金が貯まらず帰省の旅費にも事欠くありさまだったことで、婚約者の父親が結婚に反対して彼女を地元に連れ帰り、別の男性と結婚させてしまった。

それからは結婚はおろか、恋人ができたこともない。生涯に一回だけの恋愛だった。

「自暴自棄になって、小金が入ると必ず性風俗店に行くようになった。最近は値段が上がったし、〝最後〟までのサービスが禁止されたので困っているんだけど……」

詳しく尋ねてみると、近所の某マッサージ店は188元、別の店は198元、いちばんサービスがすごいサウナ店は女の子がオールヌードになるので360元……と、はにかんだ笑みを浮かべながら妙に饒舌になって教えてくれた。彼の月収との比率で考えれば、日本のワーキングプアの若者にとっての1・5万〜3万円くらいの遊びに相当するだろうか。月に3回も行けば、生活は成り立たなくなる。

加えて阿飛はスマホゲーム依存症だった。

「仕事をしない日は、簡易宿泊所の汚いベッドの上で10時間くらいスマホゲーをしている。1日に60元（約960円）くらい課金してしまうね。なんとなく時間が過ぎていく。スマホゲーはすごく楽しいってわけじゃないけれど、他に面白いことなんかないからさ」

彼には借金もあるようだが、金額は教えてくれなかった。

中国の伝統的秘密結社との共通点

三和の住民となる若者の多くは、都市で暮らすなかで家族・親族や地元の友人との人間関係がほぼ断絶した寄る辺なき人たちだ。

だが、彼らはそれゆえに似た境遇の仲間同士のつながりを求めるのか、ネットのコミュニティへの参加が大好きで、『百度貼吧』の書き込みは活発であり、『QQ群』も無数に作られている。都市部のスマホ保有率が9割を超えた中国で、デジタル化とスマート化が進む社会の最低層を形成する、独特のカルチャーの担い手と言ってもいい。

取材で印象的だったのは、三和の住民やそれに近い階層の若者（ネトゲやギャンブルの中毒者や多重債務者など）の間でだけ通用する隠語や符丁《ふちょう》が非常に多いことだった。彼らに取材のアポ取りをするためにチャットで話していても、標準的な中国語の知識だけでは意味が理解できない単語が続出するのだ。

以下にその一部を紹介しておこう。

老哥《ラオゲー》：三和の住民やギャンブル中毒者の間での仲間に対する呼称、もしくは自称。英語のスラングとしての「brother」に近い感じだろうか。「老哥們辛苦了（おまえらお疲れさま）」みたいな使い方をする。こういう「老哥」たちが集まる行為を「三五瓶《サンウゥピン》」と呼ぶ（お金を使い果たした人がネット上に「ビールを3～5瓶ほどおごってくれ」と書き込んだことが元ネタらしい）。

挂B《グアビー》：極端にチープでダメなもの。三和の一帯でしばしば使われており「挂B飯《グアビーファン》（激安メシ）」、「挂B麺《グアビーミエン》（激安ラーメン）」、「挂B女《グアビーニュイ》（激安の売春婦）」などの用法がある。ちなみに本当は「挂壁《グアビー》」と書くが、壁という漢字は画数が多いので同じ発音の「B」で置き換えられている。

個《ゲ》：ギャンブルの消費金額や借金を指す単位で「万元」という意味。「信用卡3個、小貸5個（クレジットカードの借金が3万元、小額ローンの借金が5万元）」みたいな使い方をする。借金額が万単位（日本円で約16万円以上）の人が多いため、この用法が生まれた。

高炮《ガオパオ》：高利のヤミ金のこと。

修車《シウチェー》：本来は「自動車修理」の意味だが、売春婦を買う行為を指す。数年前までは「三和の女神」と呼ばれるストリートガールが路地を闊歩していたが、最近は取り締まりでいなくなったらしい。ちなみに、年配の売春婦は「破車《ポーチェー》（ボロ車）」、若い売春婦は「校車《シャオチェー》（スクールバス）」、醜い売春婦は「霊車《リンチェー》（霊柩車）」で、そうした女性の乳頭は「車灯《チェーダン》（ヘッドライト）」と呼ぶ。三和の住民は圧倒的多数が若い男性なので、性に関係した隠語はかなり多い。

彼らが使う隠語からは、それを理解できる者同士だけのアンダーグラウンドな仲間意識が強く匂う。そもそも三和ゴッド（三和大神）という呼称からして隠語めいている。彼らが集うネットコミュニティを見ると「今日から新しく大神《ダーシェン》になった」「仲間を歓迎する」みたいな会話もしばしば見られる。

三和の住民たちから私が連想するのは、前近代の中国に存在した「会党《フイダン》」や「幇《バン》」と呼ばれる秘密結社の世界だ（『ドラゴン怒りの鉄拳』のような昔の香港のカンフー映画に出てくる、謎の敵対組織を想像するとわかりやすい）。

会党はマフィアっぽいイメージも強いが、本来は故郷を離れた流れ者や出稼ぎ労働者のような社会的弱者が、互いに助け合うために寄り集まって作った仲間グループである。バラバラの他人同士が仲間意識を持つために、内部の人間だけが理解できる隠語や符丁が多用されたのだ。

例えば清朝末期の会党である三合会の内部では、阿片《あへん》の吸引を「咬雲《ヤオユン》」、メンバーの集会を「放馬《ファンマァ》」、メンバー外の人間を「風《フォン》」と言い換えていた。同じく会党である哥老《かろう》会も、牢獄を「書房《シューファン》」と呼んだりする特別な隠語が数多くあったという。

実のところ、清朝の時代に会党に集ったような人たちと、現代の三和に集まる短期労働者たちは、社会階層としてはほとんど変わらない（中国はかつての専制王朝の役割を中国共産党がそのまま継承しているので、日本と比べて社会全体の構造が前近代を引きずっている部分が少なくない）。

中国の社会におけるはみ出し者にとっては、依存の対象がかつての阿片からネトゲやスマホゲーになり、ギャンブルの方法が骨牌《グゥパイ》（麻雀の前身のひとつ）からオンラインカジノに変わり、仲間が集まる場所が茶館からチャットソフトやネット掲示板のコミュニティに変わっただけだと考えてもいいのである。

「三和の住人は3種類いる。ひとつは日雇いや週雇いで稼いだ小銭を自堕落な遊びにつぎ込んでいる連中だ。もうひとつは、精神に疾患があるような真の社会的弱者で、しかも親類や友人を持たない連中だ。実は三和はこういう連中の最後の居場所にもなっている。最後のひとつは、ギャンブル中毒者や多重債務者で、家族や友人に合わせる顔がなくなって

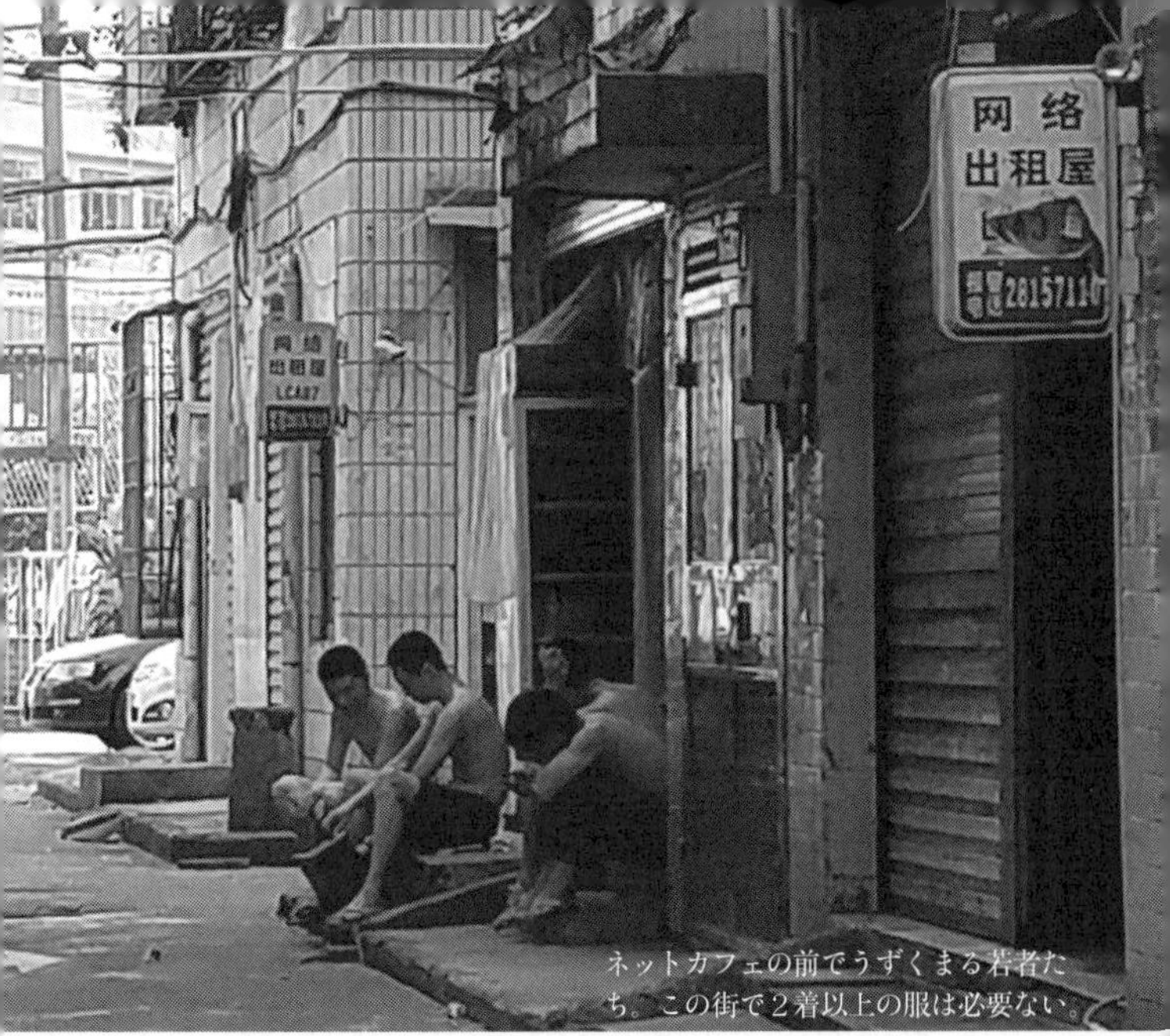

ネットカフェの前でうずくまる若者たち。この街で2着以上の服は必要ない。

三和の外れの龍華公園。宿がない人が眠るほか、以前は格安で〝春〟を売る女性も多かった。

隠れ暮らしているやつらだ」

数年前まで三和で暮らし、珍しく大卒であるため周囲から知恵者扱いをされていた40歳前後の男性はこう説明してくれた。なお、彼はオンラインサッカー賭博で16万元（約256万円）の借金を作って仕事と家庭を失い、三和に流れ着いてからネトゲ漬けになってさらに1万元（約16万円）を課金し、さらに三和式の「自動車修理」にカネをつぎ込んでいた男である。

寄る辺なき社会的弱者と、欲望に負けた廃人たちが沈むサイバー阿片窟《あへんくつ》。

それが三和の正体なのだ。

「留守児童」の負の連鎖

デジタル工場でスマホやパソコンの部品を作りながら、稼いだわずかなカネをヴァーチャルな娯楽やギャンブルや性風俗に吸い尽くされる欲望の奴隷――。そんな三和の住民たちには、自他ともに「自堕落」という評価を下されることが多い。

だが、取材を重ねると別の側面も見えてくる。

例えば、彼らは出稼ぎ農民の子弟が圧倒的に多くを占め、多くの人が幼少期から崩壊状態の家庭で育っている。学歴も大部分が中卒どまりで、なかには中学校中退という人もいる。深圳在住の中国民主化運動シンパの男性（当時50歳）はこう話す。

「彼らの境遇は本人の責任だけとは言えない。親が不在の環境で育ったので、自分の欲求を我慢するとか、清潔で健康的に暮らすといった、本来は家庭のなかで当たり前に身につくはずの常識を得られていない。中国の社会格差の犠牲者に近い面もある」

本来は農民であった両親がともに出稼ぎに出て家庭に不在となり、田舎の祖父母や親類のもとなどで育てられる子どもは「留守児童《リウショウアルトン》」と呼ばれる。中国では長年にわたって、大きな社会問題だ。子どもの世話をする人が子煩悩だったり教育熱心だったりすればいいが、そうではない場合はネグレクト（育児放棄）に近い状態に置かれてしまう。中国では現在でも、留守児童が教師や近所の住民から性的暴行を受けたり、一人で火や危険物を扱って死亡する事件の報道が後を絶たない。

社会主義市場経済政策が本格化してから四半世紀以上を経た現在、初期に留守児童だった子どもたちはすでに20～30代の若者になっている。三和でネトゲやギャンブルに明け暮れて刹那的な生活を送っているのは、少なからずそんな人々なのだ。

例えば、元ネトゲ廃人でeスポーツ選手だった譚茂陽は言う。

「オレは3歳から親の愛情を知らず、祖母一人に育てられた。両親は離婚して、現在はどちらとも没交渉。小さなころから、親がいないことや普通の家庭で育っていないことに引け目があって、学校でも孤立しがちだった」

そもそも譚が最初にネトゲの世界にハマり込んだのは中学時代で、孤独な毎日をゲームで埋めるためだった。留守児童であることは、彼にとっては大きなコンプレックスだ。

「祖母には感謝しているが、学問を重視しない世代の人だったから、自分は高校に行けなかった。大人になってから、すでに再婚して別の家庭で子どもを作った母親から連絡を受けたが『いまさら何のつもりだ』『オレの人生はめちゃくちゃになった』と怒鳴って、会うのは断った」

こうした事情は他の人物も同様だ。例えば、肺が悪いギャンブル狂の老白は言う。

「俺も留守児童で祖父だけに育てられた。両親と会うのは春節《チュンジエ》（旧正月）に年一度だった。

勉強をしろと誰にも言われず、中学校を1年で中退してしまった」

現代の中国は階層の固定化が進み、強固な学歴社会となっている。家族のつながりが薄く、高等教育も受けられなかった彼らの人生は、すでにスタートの時点から挽回《ばんかい》が困難な状態に置かれている。老白の相棒で、性風俗マニアのスマホゲー廃人である阿飛も、尋ねてみると似たような環境で育っていた。

ギャンブルはさておき、彼らがゲームの世界にのめり込む理由も物悲しい。

「親がおらず、子どもの頃から他人に見下されてきた。でも、ゲームの世界は違う。ちゃんと認められるんだ」

譚はこう話す。彼らのリアルの人生は生まれた頃から「詰んで」おり、何をやっても夢や希望や豊かさとは無縁である。いっぽう、彼らにとってのネトゲやスマホゲーの世界は、リアルな世界の中国社会よりもずっと自由で、機会の平等が保証され、希望にあふれた豊かな空間なのだ。

現実の社会ではいくら努力をしても金持ちになったり結婚したりできないが、ゲームの世界であれば、努力はレベルアップやアイテム獲得という形で正当に評価される。ヴァーチャル空間では美少女からも微笑んでもらえるし、出自や資産や学歴を理由に笑われることもない。

鄧小平の改革開放政策によって生まれた、中国の経済発展を象徴する先進都市・深圳。繁栄を謳歌する街の郊外に吹き溜まる三和の住民たちは、現代中国の巨大な歪みの縮図のひとつだ。

第2章

10万人の黒人が住みつく「リトルアフリカ」に潜入

—広東省広州市—

「……あの彼、後をつけてみましょうか?」

中国広東省《グアンドン》広州《グアンヂョウ》市、地下鉄三元里《サンユエンリィ》駅の出口。目の前を通り過ぎたアフリカ系の男性の後ろ姿を眺めながら私がつぶやくと、隣にいた山谷《やまや》剛史が「そうしようか」と答えた。

広州は中国3番目の大都市だ。だが、改革開放政策のスタート後に急速に発展した広州東駅付近の新興地域に対して、昔ながらの鉄道駅である広州駅付近は垢抜《あかぬ》けない街並みが広がる。三元里は広州駅の北側裏手にあり、街の人たちの服装は東駅付近の繁華街と比べると10年くらいズレている。もっさりとした、大味な雰囲気の場所だ。

このとき隣にいた山谷は、私の先輩格の友人だ。アジアの奇妙なITガジェットを発掘し、それをみずから試してレビューするという草の根サイバー記事を書き続ける異色の中国在住ライターである。当時(2017年2月)の彼はたまたま広州に住んでおり、好意で私の取材に付いてきてくれていた。

――この広州はアフリカ系外国人が極めて多いことで知られている。

公的に確認されているだけでも2万人程度、現地報道では不法滞在者を含めると10万~30万人にのぼるといった話もある。事実、この街ではどこに行っても黒い肌をした男女の姿が目に入る。彼らの表情や服装・立ち居振る舞いからは、私たち東アジアの人間とは明らかに異なった雰囲気が濃厚に匂い立つ。私は彼らについて知りたかった。

市内で最大のアフリカ・タウンは広州駅から2㎞ほど東にある小北《シャオベイ》地区にあり、その存在は中国メディアのみならず一部の日本メディアでもすでに報じられている。私は今回の広州取材で、まずはこの地域に行ってはみたものの、他の媒体がすでに調べたことを後追いするのは癪《しゃく》な気がした。他のアフリカ・タウンも調べてみたかった。

そこで思いついたのが、小北以外の場所で見かけた適当なアフリカ人の後をこっそりとつけて、彼らの日々の住まいを探ることである。

私と山谷がひとまずターゲットに据えた相手は、見たところ30代くらい。背が低く痩身の男性だった。服装はシンプルで、スニーカーがボロボロであることから、あまり生活水準の高い人ではなさそうだ。

彼は三元里駅からまっすぐ歩き、すすけた壁の老朽化したアパートが立ち並ぶ下町の路地裏に躊躇《ちゅうちょ》なく進んでいった。

よほど土地勘があるらしく、まったく立ち止まらない。普通に歩いているだけなのに、競歩の選手ではないかと思うほど足が速く、油断すると距離をどんどん離される。私と山谷は気付かれないように注意しながら、彼の50ｍほど後ろについて小走りで追跡した。

――彼はどこから来たのか、彼は何者か、これからどこへ行くのか？

皆目見当もつかなかったが、私たちは広州の下町で謎のアフリカ人を追い続けることにしたのである。

「ナイジェリアのお宿」を発見した！

三元里の路地裏はディープな場所だった。

路地の横幅は１ｍにも満たず、晴れた日の午前11時なのに薄暗い。築35年くらいのアパート群はきっちりした都市計画なしに建てられており、路地は曲がったりズレたり、突然Ｔ字路や十字路に出くわしたりする。空中には、カバンのなかでこんがらがったイヤホンコードのようにグチャグチャな配線の電線の束。エアコンの室外機から垂れた水がときおり頭上に降り掛かる。ヒビ割れた路面に、地元住民の食べかすと思しき生ゴミが散らばり腐臭を放つ。

ただし、第1章に登場した三和《サンホォ》と違って、三元里の生ゴミには青菜や魚が多かった。住民がこの街で長く暮らし、家庭を営んでいるためだろう。子どもも多いらしく、怪しげなピカチュウもどきやミッキーもどきのインチキ玩具や極彩色のゼリーを店頭に並べた駄菓子屋も何軒か見つかった。普段はあまり余所者《よそもの》が立ち入らない場所なのか、地域住民からのぶしつけな視線がちょっと痛い。

「あの彼、すごいですねえ。下町のこんな道をスイスイ歩いていく」

「行き先がまったく読めないね。どこに行くんだろうなあ」

追跡しながら山谷と話す。すでに自分たちがいまどこにいるのか、さっぱりわからない。

「ちょっとおとぎ話とかジブリ映画の序盤っぽい感じですよね」

「どういうこと？」

「いや、藪のなかで舌切りスズメを探す正直じいさんとか、トトロを追いかけるメイちゃんみたいな気持ちになってきました」

だが、ここはトトロの森ではなく、生ゴミが散乱する広州のスラム街。私たちが追うのは子どもの味方の妖精さんではなく、路地を飛ぶように進む謎のアフリカ人である。

迷路状の路地を500mほど追跡すると、やや開けたローカルな商店街に出た。

広東名物の飴塗《あめぬ》り豚肉をガラス窓のなかに吊るした庶民的な食堂や、中国チェーン系のコンビニやファストフード店（店名は「マクタッキー」であった）、地元民向けの性風俗サウナ店など、垢抜けない点だけは共通した雑多な店舗がひしめいている。入口に対聯《ドゥイリエン》（建物の入口を飾る、縁起のいい言葉が書かれた紙）を貼った古い廟（中国の伝統宗教施設）を見つけたので、歴史が古い地域らしい。

アフリカ人はさらに進んでいく。

大きな交差点を右に曲がると、徐々に、すれ違う人に彼と同じ色の肌をした男女が目につきはじめた。やがて、中国の街には不似合いな英語の看板を出す食堂や雑貨店がいくつか見つかるようになった。ナイジェリア、ウガンダ、ガーナ、カメルーン……、これらの店舗の壁には、日本であまり馴染みのないカラフルな国旗がプリントされている。

路上では十数人のアフリカ人男性たちが、平日の昼間から青島《ちんたお》ビールを飲んで大騒ぎしていた。別のアフリカ人が、中国名物のシェアサイクルをキコキコと漕ぎながら目の前を通り過ぎていく。

非日常的な光景に私が目を丸くしていると、追跡対象だった彼はある建物に姿を消した。恵爾慷酒店《フイアルカンジョウディエン》と書かれた、中国によくある安価なビジネスホテルだ。私は山谷と一緒にとりあえずホテルの前まで行き、ドアを開いた。

「——何じゃあこりゃあ!!」

安ホテルのロビーは、大勢のアフリカ人の男女で埋め尽くされていた。20人近くはいただろうか。巨大なスーツケースを引いている人もおり、どう見てもさっきアフリカから中国に着いたばかりという感じである。私と山谷が呆然と立っている間にも、黒い肌の男女が次々とロビー内に入ってきた。

この場にいる中国人はホテルの制服を着たスタッフのお姉さん2人だけだった。湖南省《フウナン》訛りの中国語と壊滅的にブロークンな英語のチャンポンで、チェックイン手続きをばりばりとこなしている。1泊は138元(約2200円)。近隣の安宿もここと同様の状態だというが、恵爾慷ホテルは一応はそこそこのビジネスホテルなので、宿泊の際はパスポートの提示が必須であり、不法滞在者が泊まることはないという。

「わたし、ナイジェリアじん」

近くにいたスーツ姿の黒人男性に話しかけると、片言の中国語で教えてくれた。「きのう、中国きた」「しごと、ビジネスマン」とのことだが、英語も中国語も不得意らしくそれ以上のコミュニケーションが取れない。ただ、ロビーにいる他の客たちも、多くはナイジェリア人であるようだった。

謎のアフリカ人男性を追い、スラム街の迷宮を突破した先にあった場所。

それは、舌切りスズメのお宿ならぬ「ナイジェリアのお宿」だったのである。

お客がアフリカ人ばかりになった

「広州のアフリカ人たちは、国によって住む場所がちょっと違うんだ。この界隈はナイジェリア人が一番多くて、次がウガンダ人だ。あとはギニア、カメルーン、リベリア、マリあたりの人たちもいるが、それほど多くない」

そう話すのは、近所で食堂を経営している中国人の楊《ヤン》さんである。

ここは瑤台西街《ヤオタイシージエー》というらしい。彼によると、広州市内に複数あるアフリカ系の人たちのコミュニティのなかでも、特にナイジェリア人が多い地域だという。他にも（東アフリカ内陸部のウガンダを除けば）ギニア湾付近の西アフリカ諸国の人が集まりがちだ。彼らは遠い母国からはるばる広州にやって来ると、まずはこの街を目指すのである。

楊さんは広東省東部の汕頭《シャントウ》市出身、40歳くらいの男性である。10年ほど前に家族経営の食堂をはじめた。瑤台西街に移ってきたのは2年前だ。

開店当初は普通の中華料理店のつもりだったものの、立地柄アフリカ人向けの料理を出しているうちにお客もアフリカ人ばかりになってしまった。

楊さん一家の食堂はいまや、店の壁にあった「飄香魚雜《ピャオシャンユイザァ》（四川風魚料理）」の写真の上にナイジェリア料理の「Okro goat meat（オクラとヤギ肉の煮込み）」や「Egusi chicken（ウリ系植物エグシの種の粉末による鶏肉煮込み）」の写真を貼り付けて、めちゃくちゃ強引にウガンダ・ナイジェリア料理食堂へと商売を切り替えている。

似たような店やアフリカ人向けの雑貨屋は、付近に数軒あった。再び山谷といっしょに、路上を歩いている適当なアフリカ人の後をつけていくと、南の方角にある大通りの広園《グアンユエン》西路《シールー》との交差点付近にある建物が巨大なアフリカ・マーケットになっていた。

カラフルな民族衣装を着た太った大柄な女性のマネキンと、真っ黒な肌にスキンヘッドの男性マネキン。アフリカ料理のレストランに、ナイジェリアをはじめアフリカ各国への物品格安運送を請け負う代理店。「TONG TONG HOTEL」と英語で記された安ホテルをのぞくと、先程の恵爾慷ホテルと同じくロビーはアフリカ人で溢れていた。漢字の看板以外、商品も通行人も、すべてが西アフリカの市場そのままに見えた。

近所には広州市越秀《ユエシュウ》区の外国人管理オフィスがある。中国語の下に英語・アラビア語・フランス語が併記されている。これらの言語を使う外国人がよっぽど多いようだ。

「広州のアフリカ人全体でも、いちばん人数が多いのはナイジェリア人さ。うちの店に来るのも、みんな同胞だ。中国で買い付けた100元（約1600円）の衣服をナイジェリアで売れば、7000ナイラ（約2200円）になる。ガーナやカメルーンなど近隣国に持っていってもいい。中国製品はよく売れるからね」

商店ではアフリカ系の衣服も売られていた。マネキンサイズが東洋人より一回り以上大きい。

街角で昼間から盛り上がるナイジェリア人たち。現地中国人との交流は少ないという。

夜、瑤台西街に戻って、楊さんの店とは別のナイジェリア食堂で夕食を食べた。この店の経営者はナイジェリア人で、同国のオニチャ出身のマーティンさん。中国語はあまりできないが、英語は流暢だ。

最近は中国の物価の高騰や人民元高で貿易の利幅が減った。ゆえにナイジェリア人の渡航は以前ほど活発ではないというが、それでも数千〜数万人が広州にいるのは明らかだ。マーティンさんの店も、40平方mほどの店内はナイジェリア人客で溢れていた。

なお、ナイジェリアの三大主要民族は、ムハンマド・ブハリ現大統領も属する北部のハウサ＝フラニ族、南東部に多いイボ族、南西部に多いヨルバ族である。

「中国にいるナイジェリア人はイボ族が多い。国家のポストを北部のイスラム系の人たち（ハウサ＝フラニ族）が握っているので、僕たちは中国に来て稼ぐしかないんだ」

とは、同国最大都市のラゴス市出身のマースさんの弁だ。2か月間、広州市内の友人宅に間借りをさせてもらい、中古衣料品を大量に買い付けて帰るという。

マースさんも店内にいる友人たちも、やはりイボ族だ。瑤台西街はナイジェリア人の街という以上に、イボ族の街らしい。

アフリカの巨人VSアジアの巨人

「ナイジェリア本国には、とにかく職がないんだ。大学を出ても無職で、路上暮らしを余儀なくされる若者もいる」

マーティンさんは言う。ナイジェリアはアフリカで最大の産油量と最多の人口1億9000万人を誇り、2013年にはGDPがアフリカ大陸諸国でトップになった「アフリカの巨人」だ。ただ、大国ゆえの歪みも大きく、国内では宗教や民族間の対立が絶えない。北部では過激なイスラム主義組織ボコ・ハラムによるテロも頻発している。

失業率も12％に達する。電子メールなどを使って、ナイジェリアで暮らすという大富豪の資金洗浄の手伝いを持ちかけ、それに応じた人の口座情報や手数料を騙し取る有名な国際金融詐欺「ナイジェリアの手紙」も、同国の深刻な腐敗や高い若年失業率といった国内事情から生まれた犯罪だと見られている。

そんなナイジェリアの人々にとって、中国の広州は手軽に行ける「先進国」だ。アフリカ最大の経済大国とはいえ、同国の一人あたりGDPは2000ドル程度。中国有数の富裕省である広東省は、その5倍も豊かである。

中国とナイジェリアの関係は良好で、ビザの取得もスムーズだとされる。両国の関係で特筆すべきは、ひとつには中国建国以来の親アフリカ政策（後述）、もうひとつは石油をはじめとした天然資源や国際的影響力の増大を狙った、近年の中国による猛アプローチだ。

中国は2005年にナイジェリアとの外交関係を戦略的パートナーシップに格上げし、国有石油企業を大々的に進出させた。2014年にはナイジェリアの高速鉄道建設に131億ドル（約1・4兆円）を投資したほか、同国の都市内交通や橋梁《きょうりょう》などのさまざまなインフラ整備をおこなっている。

2017年1月には、それまで良好だったナイジェリアと台湾の友好関係にくさびを打ち込む目的もあって、さらに400億ドル（約4・4兆円）の出資を発表。中国政府が世界各国でソフトパワー外交として展開させている中国語学校「孔子学院」も、ナイジェリア国内に複数開校している。スマホや自動車から、服や靴といった日常用品にいたるまで、現地の市場では中国製品が溢れている。

2017年にBBCが報じたところでは、いまやナイジェリアは国民の83％が中国に好意を示す親中国家になっている。

中国製品の買い付けを求める商人の訪中は活発だ。これはナイジェリア人に限った話ではないが、2010年時点で広州にいたアフリカ人の96％が商売が目的だったという研究結果も出ている。

もっとも、それゆえの問題も生まれている。

「多くのナイジェリア人が街でブラブラしているのは、中国の春節《チュンジエ》（旧正月）休暇を知らずに来て、商売ができないから。みんな普段はちゃんと働いているんだよ」

前出のマースさんは言うものの、路銀が尽きて不法滞在者になる人は後を絶たない。慣れない中国で誰もが成功できるとは限らないのだ。

ここ数年は減少傾向ともいうが、ナイジェリア人が中国側のマフィアと連携して詐欺や麻薬の密輸に手を染めた、地元警察とトラブルになった――。といったニュースはしばしば報じられている。やや古い話だが、2009年7月には不法滞在者と地元警察とのトラブルを契機に、100人近いナイジェリア人が広園西路に面した公安局に殺到して暴動寸前の騒ぎになったこともある。

２０１７年2月上旬には、中国政府が旅費と生活費を負担する形でナイジェリア人不法滞在者８万人を母国に送還するとのデマが流れ、在中ナイジェリア大使館が否定声明を出す騒動もあった。

送還を恐れるナイジェリア人が大勢おり、彼らからの問い合わせが殺到したためではないかと見られている。

「タンザニア人は中国に学ぶべき」

「他のアフリカ各国の事情もナイジェリアと大きく変わりません。福建省や浙江省など、他の沿海各省にも仲間が大勢いますよ」

いっぽうでそう話すのは、広州市内で最大のアフリカ人集住地域・小北地区で貿易業のかたわらバーを経営するタンザニア人のミチョさんである。広州で中国人の妻と結婚した彼は大学出のインテリで、非常に流暢な普通話《プウトンホア》（中国の標準語）を喋った。

「中国人は勤勉であり、行動が効率的です。タンザニア人はこうした文化を見習うべきであり、私はそれを母国に伝えたいと考えています」

この国のインターネット統制の厳しさと大気汚染のひどさには閉口しているそうだが、総じて言えば彼は中国に対して非常に好意的だ。

「アフリカはヨーロッパの帝国主義者たちによる植民地化を受けたことで、人々の基層となる文化が破壊され、社会構造の面でも経済的な面でも立ち遅れました。過去に同じくヨーロッパ人の侵略を受けた中国が、改革開放政策によってここまで強くて豊かになったことは奇跡です。素晴らしい。アフリカ人が学び取れる部分は多いと思っています」

実のところ、中国とアフリカ諸国の関係は近年になり突然活発になったわけではない。かつて中国は、毛沢東体制下で第三世界の連帯や国際的な反帝国主義闘争を呼号。1950年代~60年代にアフリカ諸国が次々と独立を果たした際には、これらの新興国をいちはやく国家承認してきた。

中国は自国もまだ貧しかった1967年から、主にイデオロギー的な理由で、アフリカ諸国に巨額の無償借款や国家建設のための資材を提供している。これは1971年に中国が国連に加入する際に、賛成票を獲得する上で大きな力になったと言われている。

なかでもミチョさんの母国・タンザニアでは、1970年代に中国政府の全面的な援助によって、隣国ザンビアとの間をつなぐ全長1859kmの交通の大動脈・タンザン鉄道が建設されている。文化大革命で大混乱状態にあった当時の中国が、ことアフリカ外交については地道にコネクション作りに励んでいたのは驚くよりほかない。

「中国は過去にアフリカを侵略したことがなく、ただ助けてくれている。だから、多くのアフリカ人にとって中国は親近感を覚える国なんですよ」

彼のように歴史を知っているインテリ層や、ビジネスの場で中国と日々接する商売人にとって、中国の国家イメージはすこぶる良好だ。

2007年、中国はアフリカ大陸全体の最大の貿易相手国になり、2014年の貿易額は2200億ドルに達した。いまやアフリカ人の中国渡航だけではなく、アフリカ全体で100万人の中国人が暮らしている。両者の経済関係はここ数年は以前より低調に転じつつあるが、いまや膨大なヒト・モノ・カネが、中国大陸とアフリカ大陸を行き来している。

アフリカ人は広州を目指す

ちなみに、広州でアフリカ系外国人の姿が目立ちはじめたのは１９９０年代後半からと、やはり20年以上にわたる長い歴史を持つ。１９９７年のアジア金融危機の際、中国政府が近隣のアジアＮＩＥＳ諸国に偏重していた貿易傾向を修正して、伝統的に友好関係があるアフリカとの経済関係を再強化したことが一因だという。

広州は改革開放政策の施行以前からの貿易都市だ。英語が通じる先進地域の香港に近いことや、気候が温暖であること、発展途上国での需要が大きい製造業の一大拠点であることに加えて、１９９０年代は北京や深圳の経済的重要性が現在ほど高くなかったことから、中国との関わりを深めたアフリカ人たちは必然的に広州に集まってきた。

結果、いつしか複数のアフリカ・タウンが出現する。近い文化圏の人たち同士で集まる場所は、食事や宿泊、ビジネス情報の収集にも便利だ。そのため、中国国内で広州の地位がやや低下した現在になっても、アフリカ人にとっての広州はまず目指すべきアジアの都市としての位置付けを失っていない。

瑶台西街付近がナイジェリア人中心の街であるいっぽう、広州最大のアフリカ・タウンである小北には、さまざまな国から来たアフリカ人が集まっている。

周囲で聞き込みをしたり、国際運送仲介会社の窓口カウンターに出ていた国旗を確認した限りでは、タンザニアをはじめ、両コンゴ・ケニア・ガーナ・スーダン・ソマリア・ガボン・ガンビア・マリ・ニジェール・ベナン・トーゴ・リベリア・シエラレオネ……と、さながらAU（アフリカ連合）のサミット会場にいるような多種多様ぶりだ。

小北の街は自称・他称ともに「チョコレート・シティ」「東洋のブルックリン」の異名を持つ。また、アフリカ大陸中南部出身の黒人だけではなく、北アフリカや中東から来たアラブ系などのイスラム教徒も多い。

「小北の街はもともと、中国西部の青海省《チンハイ》の回族《フイズゥ》（イスラム教を信仰する中国の少数民族）が多かった。そこにハラル・フード（イスラム法で食べることを許された食物）を目当てにしたアフリカ各地のイスラム教徒が出入りするようになり、やがてイスラム教徒以外のアフリカ人も集まるようになったらしい」

とは、広州に長く住む日本人の話である。

小北は看板のデザインもアフリカ色が強く、もはや中国とは信じがたい街並みだ。中国人女性と結婚して定住したアフリカ人も多いらしく、街では黒い肌の児童がネイティヴの中国人児童と中国語で遊ぶ不思議な光景も見られる。

「外でマリファナを吸うな！」

もっとも、カルチャーギャップが大きすぎるために、アフリカ人のコミュニティと中国社会との摩擦も問題化している。それを思わせる光景には取材中もしばしばぶつかった。例えば瑤台西街のマーティンさんの店の外には、ブロークンな英語でこんな張り紙が出ていた。原文ママで紹介する。

PLZ！PLZ！PLZ！
For a safty《ママ》 atmosphere and progress of the business we should maintain a peaceful and quite《ママ》 mood
no Smoking weed outside and lower our voices while drinking.
（頼むぜ！　安全な環境とビジネスの進歩のため、俺たちは平和的で穏やかな雰囲気を維持するようにしよう。外でマリファナを吸ってはいけないし、お酒を飲むときは私たちの

声を小さめにしよう）

裏返して言えば、路上でマリファナを決めてラリったり、酔っ払って大声で騒ぐような人がかなり多いということだ。

また、私たちが小北のアフリカ人向けの居酒屋に入ると、大音量の音楽に乗ってコンゴ共和国出身の男女十数人が盛り上がっているところだった。

彼らは興に乗ると机や壁を力任せにボコボコと殴りつけ、すこし言葉を交わしただけの私のタバコやライターを無断でわしづかみにして持っていく（ちなみに、女性からはその際に頬にお礼のキスをもらった）。男性の腋臭《わきが》や、女性の香水の匂いも強烈だった。

いっぽうで小用に立つと、なぜか男子用トイレの個室のドアを開けっ放しにして用を足す太った黒人女性に遭遇した。日本人や中国人ではなかなか見ない、ボンレスハムみたいな体型の中年女性だった。

これらは非日常的な体験なら「面白い」で済むのだが、地元の中国人住民にとってはストレスも大きいはずだろう。中国はここ10年で、特に都市部ではマナーがかなり改善し、荒っぽい振る舞いに眉を顰《ひそ》める人も増えてきているのだ。

「街でアフリカ人客を乗せることが多いが、ケチな人が多くて困る。タクシー代が32元のときは30元しか払わない。それに抗議すると怒鳴ってくるんだ。言葉も通じなくて困る」

地元のタクシー運転手はこうグチをこぼす。業界でアフリカ人客の評判はかんばしくなく「黒鬼子《ヘイグィヅ》」と呼んで乗車拒否をする運転手もいるという。広州市内に複数ある、ジャンクな電子製品の卸売市場でも「アフリカ人はなんでも買ってくれるが、トラブルが多い」という声が複数聞かれた。

より厳しい声もある。アフリカ系商店が多数入居する、小北付近のショッピングビルのガードマンは言う。

「連中は声が大きくて態度が傲慢だ。文化的な水準も低い。自国のルールだけで生きていて、中国の文化を尊重しないいんだ。なのに数ばかり増えやがって……」

偏見が不安と結びつくとき

「中国政府は国際外交で有利に立つため、アフリカに援助のバラマキやビザの取得緩和をやりすぎた。広州はもともと外国人が多いとはいえ、俺たちの街がアフリカ人に『占領』されたのは政府の責任だ」

広州出身の中国人メディア関係者はこんな不満すら漏らす。

実のところ、近年の中国政府はテロ対策や国家機密保持の目的から、いわゆる「三非《サンフェイ》」（不法入国・不法滞在・不法就労）外国人の締め付け強化を打ち出しており、アフリカ人をはじめ在中外国人の野放図な増加に歯止めを掛けようとしている。政府の「無策」を非難する彼の怒りはやや大げさなものでもある。

だが、格差の拡大や環境問題といった国内問題の改善よりも、政治的な目的ゆえに遠いアフリカ諸国へのバラマキを優先しているかに見える中国政府の政策は、庶民から「大《ダー》傻逼《シャアビー》（大バカ）」と揶揄《やゆ》されるなど評判が悪い。そうした恨みが、生活上でのアフリカ系外国人との摩擦を通じて増幅されることで、政府の不作為を嘆くような意見も出てくる。

そもそも、国家の外交政策はさておき、中国は庶民レベルでは黒人やイスラム教徒への差別感情が強い国だ。

強権的な政治体制の関係もあって、社会に人権の概念があまり根付いていないことで、差別や偏見が野放しにされがちな傾向もある。２０１５年５月、上海の化学メーカーの洗剤のＣＭが、黒人男性を洗うとイケメンの中国人男性に変わる演出をおこなったことで国際的に「炎上」する事件が起きたが、これは氷山の一角にすぎない。２０１８年３月にも、ＣＣＴＶ（中国中央電視台）が旧正月の年越し番組のなかで、中国人女優の顔を黒塗りにしてアフリカ人を演じさせる寸劇を放送したことが国際問題化している。

中国人の内部にもとより存在している差別や偏見は、現実のアフリカ系外国人に対する不安や反感と結びつくことで、よりグロテスクな結果も生む。

広州のアフリカ人問題について中国国内のサイトを検索すると、「アフリカ人に中国の女性が大勢レイプされている」「さらわれて麻薬漬けにされる」といった文章がゴリラの画像と一緒に投稿されているような、ひどいページが少なからず見つかる。これらはネット掲示板や微博《ウェイボー》（中国の人気ＳＮＳ）への一般人の投稿だけではなく、商業ネットメディアの記事でも少なからず見られ、大手のポータルサイトを通じて広く配信されている。

広州のアフリカ人の数は５～10年前よりも減少傾向にあるはずだが、ネット上ではむしろ、近年になりこうした意見が力を強めつつある。

中国は1950年代から、第三世界のリーダーとしての立場でアフリカ諸国と友好関係を結んできた。現在の対アフリカ進出政策のなかでも、中国はそうした伝統的な姿勢を崩していない。

だが、いまや経済発展によって中国の都市部とアフリカ諸国の経済格差は大きく拡大してしまった。アフリカ人の側からは、中国が一種の「先進国」のようにみなされ、カネ儲けの機会を求めて盛んに人がやってくる状態が生まれている。ゆえに、中国社会の内部ではまだ先進国水準の人権意識や、人種差別をタブー視する概念が定着していないにもかかわらず、近年の欧米先進国社会ではおなじみの移民差別や移民排斥問題の芽が、一足飛びの状態で生まれつつある。

現在の中国は発展途上国なのか、それとも「先進国」なのか？　広州のアフリカ人問題からは、中国が持つ矛盾したふたつの顔も見えてくる。

第3章

「習近平の聖地」を巡礼してみた

―陝西省富平県・延川県―

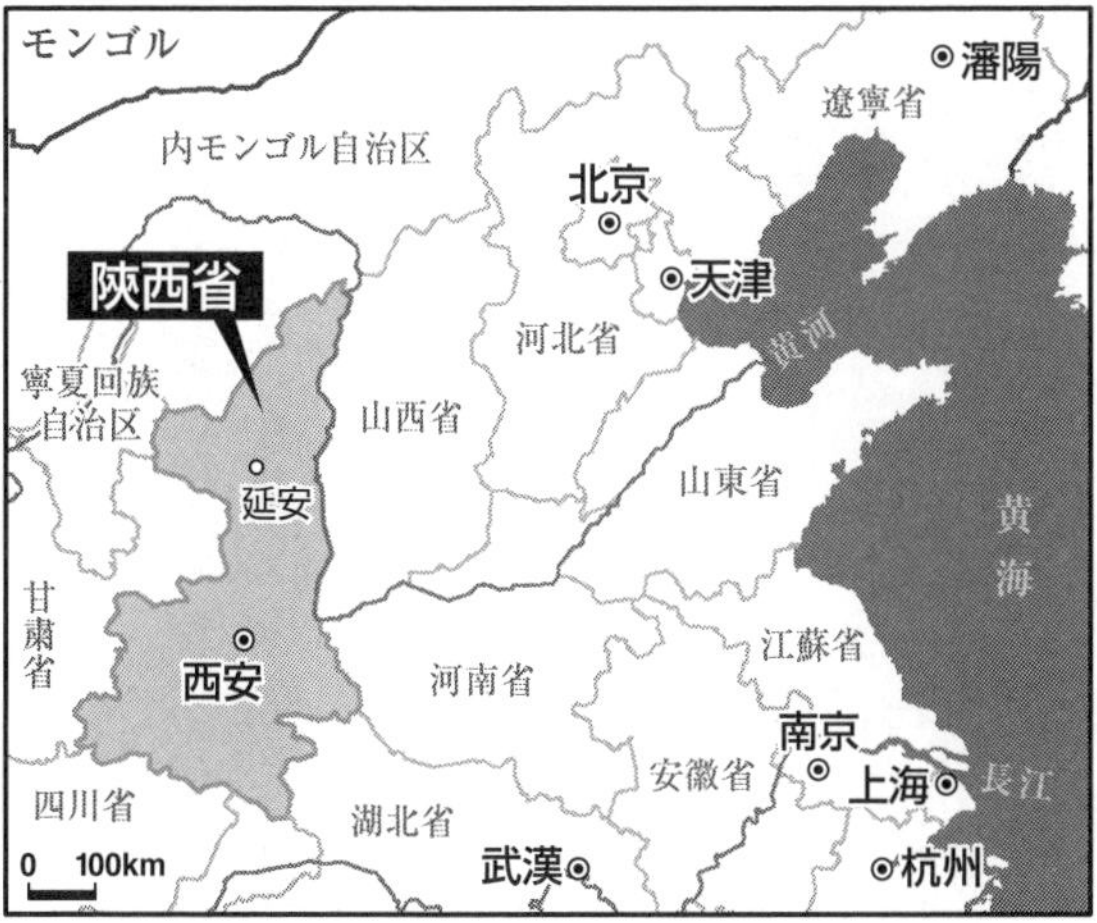

「さっさと歩け！　こっちへ来い！」

　アサルトライフルを装備した黒い服の特警《テージン》（特殊警察）３人に左右と背後を固められ、私は古い記念館の廊下を歩いていた。特警は中国で対テロリズム作戦を担う特殊部隊だ。私と彼らを先導しているのは、水色の服を着た普通の公安《ゴンアン》（一般の警察）の中年男である。特警の３人はそれほどでもないが、水色公安のおっさんは緊張した表情だ。彼は不祥事が起きたときに責任を負わされる立場にあるのだろう。

　おっさんがドアを開け、３方向の壁一面に無数のモニターパネルが設置された小部屋に通された。画面に映っているのは、この記念館や周囲一帯に設置された監視カメラの映像と思しき動画だ。彼らの控え室らしい。大量の人員を動員し、膨大な数のカメラを設置する費用は安くあるまい。そこまでして、いったい何を見張らなくてはならないのか――？

　２０１５年５月８日、陝西《シャンシー》省西安《シーアン》市郊外（渭南《ウェイナン》市）の富平《フーピン》県でのことだった。付近一帯は、かつて秦漢帝国や隋唐帝国の君主たちが咸陽《かんよう》や長安《ちょうあん》といった都を置いた中華文明揺籃《ようらん》の地である。南西へ60㎞ほど進んだ場所の土のなかには、いまなお多くの兵馬俑《へいばよう》に護衛された秦の始皇帝が、永遠の眠りについている地下宮殿が埋もれている。

この富平県は近年になり、新たな政治的意味を持つようになった。習近平《シージンピン》の実父で、国家副主席を務めた中国共産党の元老・習仲勲《シージョンシュン》（故人）の生まれ故郷であるからだ。習近平が党のトップになった2012年前後から、富平県にあった習仲勲の墓所や旧居、記念館（習仲勲記念館）の規模は大幅に拡大されて巨大な公園（習仲勲陵園）となり、党員や近隣の学生の研修場所にしばしば指定されるなど、ある種の観光地化までも進められるようになった。

詳しくは後述するが、私はこの日、習仲勲陵園の墓地区画にたまたま入り込んでしまった。その後、道の向かい側にある陝西省愛国主義教育基地、すなわち習仲勲記念館に行こうと建物の入口まで来たところ、門番の公安局員に外国人は立入禁止であると言われた。

私が「でも、さっきはお墓に入れましたよ」と言うと、門番が対処に悩んで上司を呼んだ。そこで血相を変えてやってきたのが、このおっさんと3人の特警隊員だったのだ。

「おい、現在のＩＤチェックの担当官は誰だ!?　陵園に中国人以外の人間を立ち入らせたとはどういうことだ!!」

監視ルームに入ったおっさんが、スマホの向こうの部下に向かって怒鳴り声を上げた。

コピーを取ることを理由に私のパスポートを取り上げる。べらっとページをめくって「誒《エイ》？　日本人《リーベンレン》？」と一瞬怪訝《けげん》そうな声を出してから、すぐに表情を引き締めた。

「貴様がなぜここに来たのか、俺はすべてわかっている」

そうなのか。なぜなんだ。

「隠し立てはするな。貴様の手引きをした人間はどこにいる？　仲間の車両はまだ近所に停めてあるんだろう？　すべて喋れ！」

口調はものものしいが、質問がどこか的外れだった。

私は一人でここまでやってきた。来ることを決めたのは、昨晩にネットで検索して思いついたからで、事前に綿密な計画があったわけではない。往路も流しのタクシーの運転手にスマホの画面を見せて目的地を告げたので、第三者が行き先を知っていたわけがない。もちろん、到着後すぐタクシーは走り去った。車両を待機させてもいない。

「あのう、来たときの運転手さんの顔や名前は、覚えてないんですが……」

おっさんが再び怪訝な表情を浮かべた。「仲間はいないのか？」と、重ねて聞いてくる。

「いや、一人旅です」

「なんだと。じゃあ、貴様は何者だ？」

「日本の私立大学で中国語を教えています。ええっと、名刺はどこにやったかな……」

中国で公安に尋問されたときは、ちょっと間が抜けた気の弱い人のフリをするのが正解だ。下手なウソはつかず、質問に対しては最小限の事実だけを素直に喋る。

「なぜここに来た？　なぜここを知った？」

「歴史学を勉強していまして、兵馬俑を見たいなあと西安に来ました。そこで、習主席のお父様のお墓が近くにあると聞き、ついでに見てみようと思ったのです」

あながちウソではない。当時、私は都内の私立大学で中国語の講師をしていたし、歴史好きで兵馬俑が見たかったのも本当だ。まあ、本業は中国社会事情のルポライターなのだが、うっかり言い忘れただけである。

「おい、どうなってるんだ!?　こいつは一人だと言っているぞ！」

おっさんは私に何度か同じ質問を繰り返し、話に齟齬《そご》がないとわかると、スマホに向けてそう叫び出した。「待っていろ」と部屋を出ていく。特警の3人が室内に残されたが、彼らは私に大して関心がないらしく、座ってダラダラとお茶を飲んでいた。自分の職責の範囲以外の仕事には関心がないのが中国流だ。

5分後、おっさんが明らかにホッとした表情を浮かべて戻ってきた。

「もう一度聞くぞ。貴様は仲間と来たわけではないな？　よそに車を待たせてないな？」

再び念を押されたので「はい」と殊勝に答える。

真相は確かめようがないが、この日にたまたま第三国の記者や政治活動家が付近に潜入していた、といった事情があったのかもしれない。公安のおっさんたちは謎の侵入者について「複数の外国人」とだけ連絡を受けており、勘違いして私を捕まえたようなのだ。

結果、無事釈放。ただし、記念館の参観は許可しないという。

「外国人は立入禁止なのだ。そういう規則だ」

ここも一応は「観光地」のはずだが、部外者に見られて困るものでもあるのだろうか？

だが、おっさんは私の質問に「規則」の一言を繰り返すだけだった。

習近平ゴマスリ公園

中国共産党が中華人民共和国を建国したのは1949年のことである。既存の権力者やエスタブリッシュメントを打倒して政権を奪取したので、「革命元勲《げんくん》」とされる建国の功労者たちには、さほど家柄の高くない人も多い。現在の中国国家主席である習近平の父で、党や国家の要職を歴任した習仲勲もやはり同様だった。

彼らの祖先の習一族はもともと河南《ホオナン》省の南陽《ナンヤン》にいたが、清朝末期の光緒《こうちょ》年間（1875〜1908年）に習永盛《シィヨンシエン》（習近平の曽祖父）が戦乱や凶作に苦しんで故郷から逃げ、陝西省富平県に定住した。彼の次男の習宗徳《シィゾンデェ》（習近平の祖父）も富平県の農民で、1913年に習仲勲が生まれた。

習仲勲は12歳で共産主義青年団に入団し、1928年に獄中で中国共産党に入党して故郷を離れている。その後、激化する国共内戦のなかで習仲勲は陝甘寧《シャンガンニン》辺区の革命根拠地を建設するなど、わずか20歳前後にして黄土高原一帯の党活動の要《かなめ》になった。やがて毛沢東《マオゼェドン》率いる党中央が陝西省北部の延安《イエンアン》に拠点を構えると、地元の党組織を握る習仲勲の地位も上昇。人民共和国の建国後は押しも押されもせぬ党と国家の大幹部になった。習仲勲は1960年代にいったん毛沢東に嫌われ失脚したが、文化大革命後に復活して、晩年は中国共産党の「八大元老」の一人に数えられる権勢《けんせい》を誇った——。

とまあ、そんな人物であるため、習仲勲は2002年の逝去にあたり「偉大な共産主義戦士」として党の追悼を受けた。2005年に故郷の富平県に墓が作られ、旧居も参観用に整備された。ただし、この時点では他の革命元勲と大きく変わらない扱いであった。

しかし、習近平が次期指導者の有力株とみなされるようになった2007年ごろから風向きが変わった。同年に陝西省のトップに就任した趙楽際《チャオレージー》という党幹部が、習近平に擦り寄ろうと考えたのか、習仲勲ゆかりの地の整備計画をぶち上げたのだ。

習仲勲陵園の整備は、習近平が党総書記に就任した2012年ごろからいよいよ本格化する。習仲勲記念館も陝西省の愛国主義教育基地に指定された。墓の周辺には4万畝《ムー》（約2660万平方m、東京ドーム569個分）もの膨大な敷地が与えられ、地元住民を立ち退かせて巨大な公園として整備された。余談ながら、事業を推進した趙楽際は2017年に発足した第2期習近平政権で政治局常務委員（党内序列6位）に出世している。

紀元前3世紀の秦の始皇帝と、21世紀の習仲勲と——。

同じ巨大墓所でも、始皇帝の墓と兵馬俑は壮大な歴史のロマンだが、習仲勲の墓は現在の中国政治のアダ花だ。私はそんな場所をぜひ見てみたくて富平県に来たのだった。

5月の黄土高原の空は晴れわたり、絶好の行楽日和だった。

私の目の前で、お揃いの赤い野球帽を被った老人たちが複数のバスからゾロゾロと降りてきた。老人たちは小さな赤旗を振る添乗員に連れられ、バスツアー用に設けられた陵園の巨大な駐車場を横切って目的地へと歩いていく。

彼らは、中国共産党の聖地を巡るツアー「紅色旅遊《ホンセーリュイヨウ》」の参加者たちだ。地方の高齢者層や、共産党員からの申し込みが多いという。

「最近、この場所を行き先に組み込むツアーが増えた。考察《カオチャア》（視察）に来る党員の団体が多いけれど、個人客をタクシーに乗せることもあるよ。習主席のおかげで仕事が増えた」

往路、私を送ってくれた現地出身のタクシー運転手はそう話していた。

ここは「観光地」であるだけに、駐車場の先には土産物屋もある。

店内を覗くと、習近平や夫人の彭麗媛《ポンリーユエン》、父の習仲勲らの顔が描かれた置物用の皿やプロパガンダポスターといった、あまり趣味がいいとは思えない記念品が溢れていた。中国では毛沢東時代の文化大革命への反省から、鄧小平《ダンシャオピン》が実権を握った1980年代以降は党指導者の個人崇拝をタブー視する風潮が強かったが、習近平政権が成立してからはこの不文律が破られるようになった。土産物屋に溢れる習ファミリーグッズはその象徴だ。

習仲勲陵園の敷地は、大まかに分けて習仲勲の墓苑エリアと公園エリア、観光客向けのホテルやレストランや美術館がある陶芸村エリア、道路を挟んで向かいにある習仲勲記念館エリアに分かれている。公園や陶芸村は外来者が自由にブラつくことができ、敷地内は子連れの夫婦や祖父母と孫の組み合わせの観光客が多くてのどかな雰囲気だが、赤い帽子をかぶった「紅色旅遊」の参加者たちが妙に多いのは気にかかる。

いっぽう、習仲勲の墓苑はずいぶんものものしい。

まず、ゲートの左手に手荷物預かり所があり、カバンをそこで預けなくてはならない。その後、受付所で武装警察（中国特有の国内治安維持組織）の職員に身分証《シェンフェンヂェン》（IDカード）を提示し、カードリーダーでＩＣを読み取ってもらう。来場者の全員の素性が確認・記録されるわけだ。ちなみに外国人の私は身分証の代わりにパスポートを提示したところ、受付担当者が「よくわからない」と言い出したので、なんとなく適当に相手を言いくるめて内部へ入った（冒頭で私が公安に捕まった直接の原因である）。

受付所の先には、飛行機の搭乗時さながらのセキュリティチェックがある。一人一人、全身を金属探知機と係官のボディチェックでくまなく調べられ、ライターや可燃物、刃物のほか、ペットボトルの水をはじめとした液体物はすべて没収される。

ここでも再度、武装警察が身分証を目視でチェックしていたが、私がパスポートを提示して「受付が許可してくれた。外国人の扱いは異なるのだ」と適当に言うと、こちらのチェックもなんとなくパスできた（中国では、別に根拠がなくても自信満々の態度で自分の権利を主張すると、相手が勝手に事情を「忖度」してくれる場合が少なからずある）。

「習主席はいま、腐敗官僚の摘発を厳しく進めています。この保安検査は、失脚した貪《タン》官《グアン》（汚職官僚）の関係者などの不良分子に、父親の墓を荒らされないためでしょう」

私のパスポートを見て、日本人に興味を持ち話しかけてきた若い男性観光客がいた。墓苑の警備体制について質問すると、彼はそんな説明をしてくれた。

――石畳を歩き墓石を目指す。

墓石は巨大な習仲勲の坐像で、裏側には彼の妻（習近平の母）斉心《チィシン》が筆を執った追悼の言葉が刻まれている。生前の習仲勲は改革派として知られ、個人崇拝に消極的な鄧小平たちと近い立場だったと思われるが、死後に自分がこんな形で祭り上げられて草葉《くさば》の陰でどんな気分でいることだろうか。

目の前に、お揃いの緑色の制服を着た小学生たちが、献花のために横一列で並んでいた。服装から判断するに、西安市内にある教育団体が組織した研修遠足のようだ。

「一躬《イーゴン》、二躬《アルゴン》、三躬《サンゴン》！」

引率係の女性が、中国国旗を片手に号令を飛ばす。声に合わせて、子どもたちは「習主席のお父様」の石像に向けて三度、深々と頭を垂れた――。

外国人には見られたくない

「1969年1月。15歳の習近平同志は、他の14人の知識青年《ヂーシチンニエン》とともに、北京から我が村

習仲勲陵園にて、習近平の「お父様」の墓を参拝する子どもたち。

下放される少し前、14歳ごろの習近平。

下放時代、習近平が暮らした梁家河村の窯洞。他にも「習同志が開いた購買所」「整備した農具修理所」などが参観対象となっている。

にいらっしゃいました。当時、村に来た青年たちは夜になると都会の生活を懐かしみ、望郷の涙を流したものです。しかし、習同志は一度もお泣きにならなかったのです！」

スーツ姿のスタッフの女性が、若き日の習近平の写真を指さしながら声を張り上げる。

陵園の参観から2日後、ここは陝西省延川《イエンチュアン》県の梁家河《リャンジャーホォ》村「村史記念館」だ。西安市の200㎞北にある「革命の聖地」延安から、さらに東に80㎞進んだ山奥の村である。

主要な幹線から大きく外れた寒村で、もともとの人口は300人足らず。住民らは山の斜面の土を掘った陝西省の伝統的な洞窟住居・窯洞《ヤオドン》に住み、貧しい生活を送ってきた。近年は若者が村外へと流出し、高齢化と過疎化にも苦しんでいた。だが、この村の運命も習政権の成立により一変している。

「陝西是根《陝西省はルーツ》、延安是魂《延安は魂》、延川是我第二故郷《延川はわが第二の故郷だ》　習近平」

記念館の向かいに設置されているのは、赤地に黄色い文字で「習主席のお言葉」が書かれた巨大な看板だ。富平県の習仲勲陵園と同じく、やはり習近平が党のトップになった2012年前後から突然、梁家河村は村域の全体が大規模な観光地として整備された。

文化大革命が荒れ狂っていた1970年代、都市部の若者は「知青《ヂーチン》（知識青年）」と呼ばれ、学校ではなく社会の現場で革命を学べという毛沢東の指示によって国内各地の農村に送り込まれた（「下放《シャーファン》」という）。当時、父親の習仲勲が失脚していたこともあり、この下放の波は高級幹部の子弟である習近平の身にも降り掛かった。

そこで若き日の習近平が7年にわたり暮らしたのが、この梁家河村だったのである。

私は習仲勲陵園に続いて、習近平の「第二の故郷」梁家河村を見てみたかった。

だが、数日前の陵園での一件から考えるに、外国人が習近平絡みの政治施設へ一人でフラフラと近寄ることは危険が大きそうだった。習政権は国内の人々に対しては個人崇拝キャンペーンを推し進めているが、その様子を外国人に見られることはひどく嫌っているようなのだ。加えて言えば、農村部の年配層の人は標準中国語がまともに通じない場合も多く、私が一人で突撃したところでコミュニケーションが取れない可能性もある。

そこで今回はあえて、延安市内で政府系の旅行会社・中国旅行社（中旅）の窓口を尋ね、「観光地」である梁家河村への個人ツアーをアレンジしてもらうことにした。事前にパスポート番号を当局に控えられるのは嫌だが、中旅のガイドを同行させれば公安にいきなり捕まる可能性はほぼなくなる。宿泊先もあえて党幹部が研修宿泊で御用達にしている半官営のホテルを選び、当局から過度な警戒を持たれないようにした。最大の目的は梁家河村を「観光」することなので、これでいいのだ。

――というわけで、2015年5月10日朝。

30代前半くらいのスポーツ刈りのガイド氏が車でホテルまで迎えに来た。彼は妻と2歳の娘がいるらしく、性格は良くも悪くも、中国の田舎の街でそこそこの暮らしを営む勤め人といった感じの人だ。

だが出発して間もなく、彼は延安市内の銀行の駐車場に車両を停め、私だけを車内で待たせた。やがて20分ほど経って「友達」と称するサングラスを掛けた同年代の女性を連れてきた。この「友達」はその後、夕方まで私たちに同行したが、私はもちろんガイド氏とすらほとんど言葉を交わさず、スマホで私の写真を撮ったりどこかにメッセージを送ったりしてばかりいた。当局が準備したお目付け役だったのだろう。

「習近平さんが党の総書記になられた頃から、梁家河村の観光地化計画が進んだ。現在は年間10万人の観光客を集めるようになったよ。延安市内からの、全長115㎞の高速道路の建設も大急ぎで進められている」

安っぽい中国産乗用車のハンドルを握ってガイド氏が説明してくれた。お目付け役を後部座席に座らせたまま、車は初夏の延安近郊の山岳地帯を走っていく。

天候は今日も快晴。私が訪れた時点では高速道路は開通していなかったが、村の入口のすぐ近くに、インターチェンジが設置されるらしかった。

延安市内から2時間ほど車を飛ばして、梁家河村入口の駐車場に到着する。

ここから村まではさらに数㎞の狭い山道が延びている。幹線から完全に離れた寒村が、往年はどれだけ不便だったかを想像させるには充分だったが、現在は整備された舗装道路を観光用の無料電動カーが走っている。

電動カーは複数台が運用されているらしい。道中、観光を終えた人たちを乗せた1台とすれ違ったが、車上の中年男性たちは一様に、大して楽しくもなさそうな表情だ。

「党の幹部学校の研修生や公安・軍隊の関係者が学習のために来る例がほとんどだからね。一種の出張みたいなものだから、帰り道は疲れてしまっているんじゃないかな」

ガイド氏からそんな話を聞くうち、電動カーは村内の広場に到着した。道路はすべて舗装され、家屋も立派だが、すべてここ3年くらいで整備されたらしい。

広場の南西正面に設置されているのは、例の「延川はわが第二の故郷」と書かれた習主席の巨大なお言葉看板だ。北西側にあるのは村史記念館――という名前の、事実上の習主席記念館である。館内ではガイドの女性が、研修中の中国共産党員たち十数人を相手に、若き日の「習同志」がいかに立派な青年で、村に卓越した貢献をおこなったのかをペラペラと喋り続けている。

「習同志は18歳で、わが村の共産党支部の書記に就任なさいました。同志は荒れ山に木を植え、緑化事業を推進し、井戸を掘って村の水利事業にも卓越した手腕を発揮なさり――」

いい年をしたおっさんたちが、ひとまず神妙そうな表情を作ってうなずいている。こんな話を延々と聞かされるのだから、中国共産党の党員をやるのも楽ではなさそうだ。

「習同志」というマジックワード

記念館から100mほど山道を登ると、往年の習近平が暮らした窯洞《ヤオドン》が3か所ある。当時、下放された知識青年は複数の農民の家庭に輪番で住み込ませてもらうシステムだったので、習近平の家だった場所は３つあるのだ。いずれも「知青旧居」と看板が出ている。

これらの窯洞は、いずれも内部に習近平の写真を掲げており、当時の水筒やメモ帳や机を置いて文革当時の風俗を再現していた。洞内は研修中の党員だらけだ。

「２０１４年６月、陝西省の文物保護単位（重要文化財）に指定されました。文革期の青年文化を象徴する遺跡だとの理由です」

と、ガイド氏は言う。施設名が「習近平旧居」ではなく一般名詞の「知青旧居」なのは、個人崇拝色が強くなりすぎるのを避けたギリギリの配慮だろう。１９８０年代以降、中国で個人名を冠した政治施設は、通常は故人を対象にしたものしか作られていないのだ。

それにしても、中国全土の遺跡や文化財を徹底的に破壊した文化大革命の残滓《ざんし》が「重要文化財」として祭り上げられている光景は、歴史の皮肉と言うしかない。

村内にはほかにも「習同志が開いた購買所」や「習同志が整備した農具修理所」などが、解説文付きで観光スポットとして整備されていた。中国の農村部ならどこにでもあるような施設でも、「習同志」というマジックワードが加わるだけで価値が生まれてしまうのだ。

ある「知青旧居」には、来村前の14歳当時の習近平の写真が掲げられていた。

現在のでっぷりした強面《こわもて》の外見からは想像もつかない、サッカー少年やバスケ少年を連想させるシュッとした風貌だ。少し生意気そうで、才気走った雰囲気も感じさせる。まずまず女の子にモテるタイプだっただろう。この少年が、父の理不尽な失脚の後に辺鄙《へんぴ》な山村に放り込まれ、7年の歳月を経て現在の人格の基礎を形成していったわけだ。

中国の文革世代は都市部出身者を中心に、下放時代を「黒歴史」と見なして毛嫌いする人も多い。彼らから見て、極度に貧困かつ非衛生的な環境での生活を余儀なくされ、学業の機会を奪われた文革への恨みは小さなものではない。

だが、どうやら習近平は違ったようだ。

彼はまだ40歳で福州《フゥヂョウ》市党委書記を務めていた1993年に梁家河村を再訪している。その後に国家レベルの党幹部になってからもしばしば村に手紙やプレゼントを送り、党総書記就任後の2015年にも再々訪している。政権の成立後、習近平は盟友の王岐山《ワンチィシャン》を右腕として政敵の追い落としに邁進したのだが、この王岐山もかつて梁家河の近所に下放され、当時は習近平と一緒の布団にくるまって眠った仲だったとされている。習近平は他にも王晨《ワンチェン》という過去の下放仲間を、高級幹部として抜擢したりしている。

彼にとっての下放は苦しくも懐かしい人生経験で、梁家河への思い入れは強いのだろう。とはいえ、漫画の『タイガーマスク』のように貧しい村を人知れず支援するならば美談にもなるが、村を観光地化して個人崇拝の基地にする行為は「趣味が悪い」と言うしかない。梁家河の開発計画は李希《リィシー》という地方幹部がおこなったのだが、李がその後に広東省の党トップまで出世した点からも明らかなように、習近平自身もこうしたゴマスリ事業を憎からず思っているらしい。

習近平政権下で急速に強化された彼への個人崇拝は、中国語では「造神《ザオシェン》」（カミサマ作り）と揶揄されている。だが、本人も満更ではないようなのだ。

「習主席は高官のご子息ながら、まったく偉ぶったところがなく、よき農民としてわが村に溶け込んでおられました。将来はさぞかし偉くなられると思っておりましたが、まさか国家主席におなりとは。村の誇りですよ」

村内の各所では、かつて若き日の習近平の世話をしたという老人たちが、習近平や彭麗媛の礼賛ポスターをベタベタと貼った自宅の部屋を公開し、往年の様子を語っていた。彼らの言葉は訛りの強い陝北《シャンベイ》方言だ。何を言っているのかほとんど聞き取れないので、ガイド氏に意味を教えてもらう。私の目の前で、研修中のある共産党員が老人に20元（約320円）のチップを渡し、記念撮影をはじめていた。こういう人も多いのだろう。

昼食は村の食堂で郷土料理を食べた。村外からの研修者向けに作られたレストランで、スープも炒め物も普通に食べられる味だ。そのかわり、値段も都市部とほぼ変わらない（余談ながら、ガイド氏だけではなく監視役の女性も一緒に食卓を囲み、支払いは当然ながら私が負担した）。

村には土産物屋もあり、「梁家河」ブランドの穀物や自然食品が売られていた。ちゃんとコンサルが入っているらしく、都市部の商店に置かれていても遜色がない衛生的なパッケージだ。私も「梁家河」ブランドの粟《あわ》を買って帰ることにした。

観光地化によって村人の雇用は確保され、年間十万人の訪問者たちがお金を落としていく。共産党員や軍・政府関係者を「研修」の名目で大量に送り込み、特定の村の経済を強引に活性化させてしまうという、習近平政権ならではの「紅い地方創生」政策だ。
梁家河の村人にとって、習近平はまさに救世主に他ならない。

習近平を作った場所

この取材から2年半後の２０１８年３月、習近平は中国憲法を修正して、従来は２期10年の縛りがあった国家主席の任期制度を撤廃した。彼が終身にわたり中国のトップであり続けることが可能な体制が成立したのだ。これに先立つ前年10月の第19回党大会では「習近平新時代中国特色社会主義思想」という舌を嚙みそうな名前の指導思想が党規約に書き加えられている。存命の個人名を冠したイデオロギーを党規約に加える行為は、毛沢東の死後初めての事態だ。

中国国内の言論はインターネット上のものを含めて強力に統制され、人類史上でも例を見ないほどの監視国家が作り上げられている。推し進められる習近平への個人崇拝とともに、盤石の独裁体制が固まりつつある。

7月4日には上海で民主化運動シンパの女性が習近平のプロパガンダ看板に墨汁をぶっ

かけて独裁反対を叫ぶ事件が起き、党内でも習近平への権力集中に批判の声が出たと報じられたが、習近平はこちらの押さえ込みにも成功した。

習政権の特徴は、習近平やその一族と個人的な縁があったり、習近平に露骨にすり寄ってくる人間に対して厚遇を与えることだ。

現在、党の常務委員やそれに準じた立場(党内トップクラスの幹部)の「習派」の高官は、下放仲間だった王岐山(国家副主席)や習仲勲の墓を整備した趙楽際(党規律検査委書記)をはじめ、習近平が官界でキャリアをスタートしたときに赴任先の河北《ヘベイ》省で友達になった栗戦書《リィヂャンシュー》(全人代委員長)、習近平の浙江省勤務時代に彼の新聞連載を取りまとめた陳敏爾《チェンミンアル》(重慶市党委書記)……といった顔ぶれが並ぶ。

他にも習政権下で重職に就いたり破格の出世を遂げた人は、習近平の中学の同級生だった劉鶴《リウヘー》(副総理)、習近平の福建省勤務時代からの部下である蔡奇《ツァイチィ》、習近平の下放友達の王晨(全人代常務委副委員長)、梁家河村の再開発をおこなった李希(広東省党委書記)など、日本の某総理もびっくりのお友達人事が目立つ。

ただ、これは当事者の立場で解釈すると、習近平は自分の身近な人には必ずポストを準備してあげる人物だとも言える。梁家河村への厚遇からもわかるように、彼の大盤振る舞いには相手からの見返りを求めない「恩返し」も含まれる。

中国的な基準では、過去の恩義や友情を何十年経っても忘れず、自分が出世して得た社会生活上の利益や利権を独占せずに身近な人にちゃんと分け与える人は、面倒見のよい大親分である。『三国志』の劉備は、皇帝になってからも義兄弟の関羽や張飛を別格扱いして大事にした。これぞ有徳の中華的君主、大人《たいじん》の振る舞いというやつだ。

もっとも、習近平は自分の仲間以外に対しては恐ろしく冷淡だ。

習政権の成立後、官僚の腐敗摘発と綱紀粛正の嵐が吹き荒れ、党内規律への違反（法的な根拠はない）を理由に、「習派」以外の官僚たちが強引な取り調べや拷問を受けて大量に失脚した。彼らのなかには、習派のネットメディアを通じて個人的なスキャンダルを暴露され、政治生命だけではなく社会的生命を絶たれた人も多い。ほか、政権に批判的な民主化活動家なども、従来は体制内言論として容認されていた主張まで許されなくなり、数百人単位での逮捕や拘束を受けている。

ターゲットの人格や社会的評価まで徹底的に破壊したり、見逃しても構わない相手まで摘発するようなオーバーキル（過剰攻撃）をおこなうのは、習近平が文化大革命の殺伐とした時代に育ったことと無縁ではないのだろう。

ただし、こういう姿勢はやはり中国史上ではよくある。王朝がしばしば交代した南北朝時代、新しい王朝を開いた皇帝が就任後に最初におこなう仕事は、前王朝の関係者を皆殺しにすることだった（習近平による官僚の腐敗摘発政策は、政府のポストや人件費にゆとりを作り、自分の部下に政治的な資源を分配する目的もある）。

中華民族揺籃の地・陝西省にルーツを持つ習近平は、近年の他の中国の指導者と比べても過剰なほど「中国的」な君主だと言っていい。

――だが、そんな独裁者・習近平は、中国の庶民の間では結構人気が高い。

政権の目玉的な政策である腐敗摘発は、庶民から見れば日常的に自分たちを苦しめていた悪代官が処罰されるわけであり、たとえ摘発の経緯が不透明だったり取り調べで人権侵害がおこなわれていたりしても、むしろ「いい気味」としか見なされていない。習近平が都市部の野放図な開発を規制するいっぽう、農村部のインフラ整備や生活向上にそれなりに注力していることも評判がいい。

中国国内のメディアが朝から晩まで「民に親しむ習主席」アピールを繰り返し、政権の成果を宣伝し続けたことで、なんとなく習近平を素晴らしい人物だと考えている人も多い。都市部の出稼ぎ労働者や農村部の人たちと雑談すると、こちらが聞いてもいないのに習近平を褒める人がやたらにいるのは、こうしたプロパガンダの成果にほかならないのだろう。

習近平への権力集中も、知識人層は懸念を示すが、庶民はほとんど気にしていない。中国は過去に長年の王朝時代を経験したうえ、現在にいたるまで「法の下の平等」をはじめ基本的人権や民主主義の意識が根付かずに大国化した国なので、社会全体として強い権威に支配されることに慣れているところがある（企業などもワンマン経営者によるトップダウン型の組織が多い）。カネや権力を持たない庶民は、自分が政治の主体になることが絶対にない以上は、どうせならば強いリーダーに従ったほうがいいと考えている。

習近平が極端に独裁的な統治姿勢を見せているのは、彼が庶民の性質を体験的によく知る、伝統的中国人の世界観にどっぷり浸かった人物であるためだろう。逆に言えば、多様な価値観に触れるべき青春時代にずっと農村にいたことで、習近平は「それしか知らない」人物でもある。

そんな中国の指導者を生み出した場所こそが、この梁家河村なのだ。

「——非常に興味深い個人ツアーでした。せっかくだから3人で写真を撮りましょうよ！」

夕方、村を離れる前にガイド氏とお目付け役に声をかけてみた。

だが、お目付け役の女性は何も言わず、右手をイヤイヤと振るだけでこれを断った。今日の昼食をおごってあげたのに冷たい人である。

私は彼女に自分のスマホを押し付け、不承不承といった表情の彼女を強引に撮影係にして、習近平の旧宅の前でガイド氏とツーショットで記念写真を撮ってもらった。

彼女はこの後、党にどういう報告をするのだろうか？

Column 中国共産党テーマパークで遊ぶ（湖北省武漢市）

湖広熟すれば天下足る、という。

長江中流域の湖北省《フウベイ》や湖南省《フウナン》には肥沃な土地が広がり、ここでコメを作っていれば天下の需要をも満たせる――。という例え話だ。

水が豊かなこれらの土地の湖沼は、都市化のなかで公園に作り変えられた例も多い。湖北省武漢《ウウハン》市内にある南湖幸福湾水上公園も、そんな場所のひとつだ。あたりは閑静な住宅街。公園で息子と遊ぶ父親、ベビーカーを押す母親、四方山《よもやま》話に花を咲かせる老婆たち――、と絵に描いたような幸福な日常が広がっている。

だが、ここは他の公園とはひとつ大きく異なる部分がある。敷地の全体に、中国共産党や習近平《シィジンピン》政権を賛美する立て看板やオブジェが溢れているのだ。生々しい「政治」が市民の暮らしに完全に溶け込む様子は、言い知れぬ不調和を強く感じさせた。

2015年9月28日、この南湖幸福湾水上公園は「共産党人」をテーマとした敷地面積30万平方m（東京ドーム6・4個分）の広大な主題公園（コンセプト公園）に生まれ変わった。一部では「中国共産党テーマパーク」だと報じられたが、普通の公園に「共産党っぽい」さまざまなオブジェが据え付けられた施設と言ったほうが正確だろう。もちろん入場は無料だ。

——北側の入口から順を追って、共産党公園をツアーしてみよう。

まず、入ってすぐに大量の中国国旗と、地元である湖北省や武漢市出身者である往年の人民解放軍幹部や党幹部の解説パネルがお出迎え。さらに湖畔を囲む1・5㎞程度の遊歩道には、東方向に中国共産党の結党から現在にいたるまでの党史を解説する23枚の立て看板、西方向に党の「英雄」29人の彫像がずらりと並ぶ。党史の看板は中国の伝統的な切り絵を現代アート風にアレンジした小洒落たもので、習政権の功績を讃える内容も多い。

そして公園の東端には、習近平が熱心に宣伝しているイデオロギーである「社会主義核心価値観」の12個の標語をかたどった立方体のオブジェがどっしりと鎮座している。のどかな公園には不似合いなことに、オブジェの周囲には数人の警備員が常駐している。私はカメラを構えたところを見つかってしまい、早々に退散した。

「共産党人」アピールが最も濃厚なのは公園の南側だ。マルクスの『共産党宣言』の書籍をかたどった大理石があるスペースは、入党の宣誓式会場を模したものである。すぐ近くにある児童アニメ調にデフォルメされた人民解放軍兵士の巨大な人形４体は、親子連れやカップルの間での格好の撮影スポット――、にしたくて設置したのであろう。植え込みには抗日戦争（日中戦争）の勝利を祝う標語が掲げられている。

長征（１９３０年代に国民党軍に追われた紅軍の大移動）の経路がでかでかと床に描かれた広場では、地域の子どもたちが一心不乱に鬼ごっこに興じていた。

幼児をあやしていた30代くらいの母親に、感想を聞いてみる。
「私は政治に関心はないです。でも、息子が公園で遊ぶことで国家の歴史を勉強できるのは、よいことだと思う」

武漢市内では2015年に入り、こうした市民公園の「政治化」が続々と進んでいた。例えば1950年代に市内に開設された紫陽湖公園は「愛国主義」を、同じく洪山公園は習政権のスローガン「法治」をテーマにリニューアルされた。実際に敷地内を散策してみると党のイデオロギーを宣伝する看板が乱立しており、毛沢東の標語がどこにでも貼り付けられていた1960年代の文化大革命を連想せぬでもない。

これらの公園には、「税金の無駄遣い」「市民の生活空間にプロパガンダを持ち込むな」と苦言を呈するネットの声もある。だが、現地当局は批判もどこ吹く風だ。地元紙『長江日報』は当時、武漢市内では他にも「中国夢」「中華優秀伝統文化」などを主題にした公園9か所の新規開設や改装の計画が進んでいると報じていた。

共産党公園の登場は（この取材時点では）武漢市に特有だったとはいえ、こうした庶民の日常の「政治化」は習近平政権下の中国全土で進行中である。

アニメ人形調の紅軍兵士。かわいい男の子が記念撮影。
ほほえましいはずなのだが……。

「近所の小学校に、突然2m大の巨大な宣伝看板が複数現れました。習近平が子どもに囲まれて右手を上げた、往年の毛沢東を連想する構図です」

当時、北京に在住していた中国法律研究者の高橋孝治はそう話す。看板は習近平が党のトップに立った3か月後（2013年2月）に突如登場した。

「現政権下では市内の宣伝看板も増えました。ただ、教育施設や公園など、子どもや若者が多く利用する施設で特に重点的に、イデオロギーの注入が進められている印象です」

これらの政治宣伝は、いずれも習近平に対する個人崇拝や、党のイデオロギーを強く前面に押し出す点が特徴だ。国家を疲弊させた毛沢東体制の終結から約40年間、中国で長年のタブーとされてきた政治手法が、21世紀になって復活したのである。

ちなみにこうした傾向は、首都の北京や習近平の祖籍地である陝西省《シャンシー》のほか、冒頭の湖北省や湖南省などで特に色濃いようだ。

中国共産党中央党校を修了した経歴を持つ元中国官僚で、現在は亡命中の民主活動家・顔伯鈞《イエンボォジュン》（第4章参照）に理由を尋ねると、昨今の現象は地方官僚が政権の意向を過剰に忖度して引き起こした面もあると話した。

「例えば、中国では2015年7月に人権派弁護士が100人単位で拘束されましたが、習近平自身の意向は『少し脅しておけ』という程度だったかもしれない。しかし、末端の幹部は出世の点数稼ぎを目的に、目立った成果を挙げようとします。現在の過剰なプロパガンダの蔓延にも、同様の構図があることでしょう」

もっとも別の要因もある。

「習近平時代（第一期）に入り、社会の決定権を握る人間の多くが文革の主人公だった紅衛兵世代に代替わりしました。文革は毛沢東が個人崇拝と大衆扇動的なプロパガンダを通じて起こした政治運動です。多感な十代でこれを味わった彼らには、毛沢東式の手法こそが『政治』の本質だ、とする観念が刷り込まれています」

考えてみれば、子どもの「洗脳」や文化施設へのプロパガンダを重視する政策とは、まさに文字通りの「文化大革命」だ。事実、共産党公園がある湖北省をはじめ、習政権のプロパガンダ政策が特に強烈に実施されている陝西省・湖南省などの党委員会の書記を調べると、全員が例外なく紅衛兵世代である（取材当時）。いずれも習近平と同じく、若き日に下放《シャーファン》（第3章参照）を受けた経験を持つ「文革の子」だ。

――彼らは歳を取って変になったのではない。変な人たちが歳を取っただけなのだ。

中国では文革世代を揶揄したこんなジョークもある。青春時代に暴力的な政治運動の洗礼を受けた人々の統治は、必然的に荒っぽいものにならざるを得ないというわけだ。

「習政権の10年間は、リベラルな中国人にとって暗黒の時代です。しかし、これが世代的な問題である以上、彼らの退場後に中国の夜明けが必ず来ます」

と顔は言ったが、習近平はこの取材後の2018年3月に国家主席の任期制度撤廃を取り決め、文革世代の政治は当初の想定よりもいっそう長期間続く可能性が高くなった。

また、習近平体制は都市部のインテリ層や共産党内の穏健派から強い嫌悪感を持たれているが、いっぽうで地方の農民や都市部の貧困層の庶民からは支持されている。毛沢東が発明した「文革式」の政治は、中国人民をまとめる上では意外と有効な手法でもある。

共産党公園の開設ラッシュは、時代遅れの「文革の子」による最後の悪あがきか、ある意味において習近平政権の統治の安定ぶりを示すものか。答えは出ないが、のどかな市民公園を歩いていても、ちっとも落ち着かないことは確かである。

第4章

突如「新首都候補」にされた田舎町

―河北省「雄安新区」―

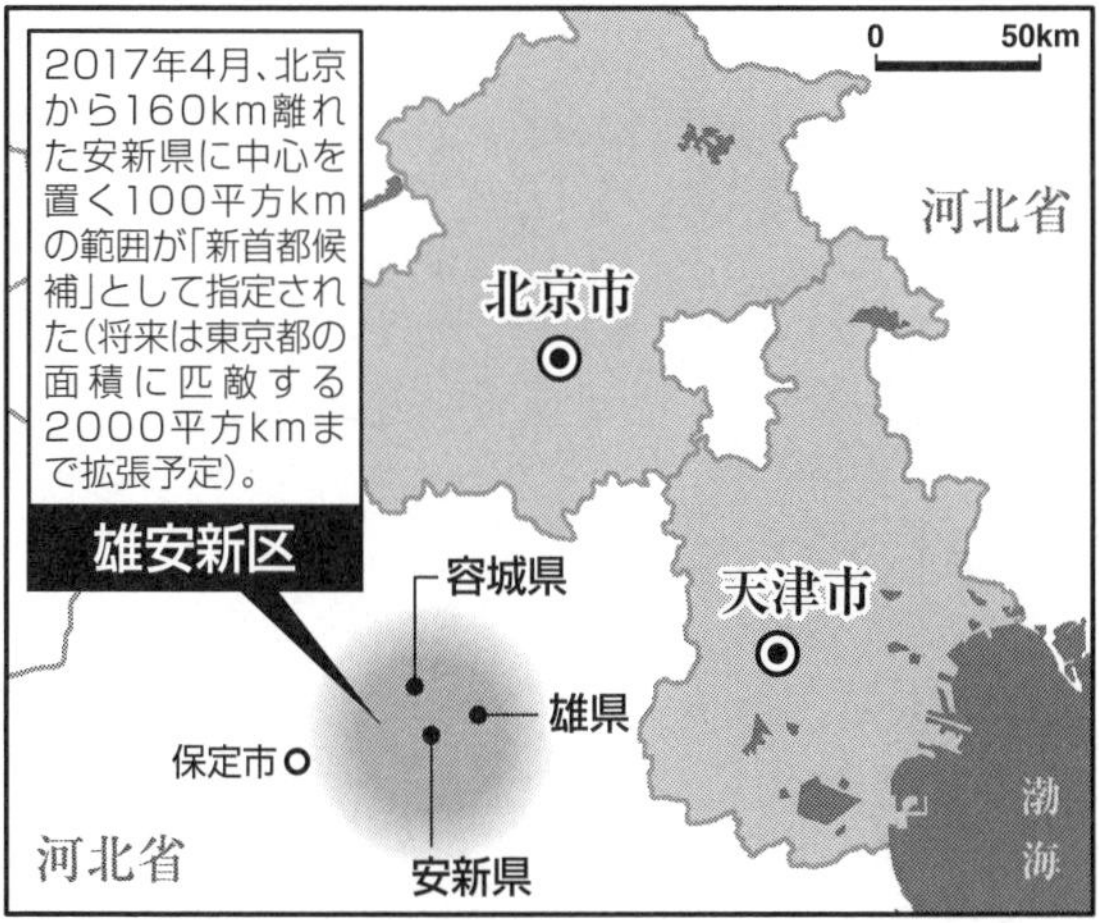

「……これは何の罰ゲームだ？」

ため息をつこうとして、再び肺が鈍く痛んだ。舗装の剝《は》げた路面を、ホコリと排気ガスを巻き上げてトラックや三輪タクシーが走り去っていく。中国の田舎では、普通の自動車に混じって、一見すると日本の軽自動車のような見た目のオート三輪がいまでも現役だ。

強烈な饐《す》えた臭いがして、頭痛と目眩《めまい》が治まらない。北京の街を離れて3日目。初日に長距離バスの窓から、小麦畑を地平線にいたるまで覆う白いスモッグの靄《もや》を見たときから覚悟はしていたが、想像以上の空気の悪さだ。畑の真ん中も街の中も、換気の悪い四畳半の喫煙ルームよりも大気汚染がひどい。

やがて雨が降ってきた。傘を持っていない私の頰を汚染物質を含んだ水滴が伝う。ねっとりと、皮膚の上に何本も筋が這うような感覚が実に不愉快だ。

ここは北京の西南約110km、河北省《ヘェベイ》保定《バオディン》市郊外の容城《ロンチェン》県である。2017年4月1日に、習近平《シィジンピン》の肝煎りで突如として指定された副都心「雄安新区《ションアンシンチュイ》」の一角だ。当初の計画としては、容城県・雄《ション》県・安新《アンシン》県の3県が新区に指定されている。

北京と天津《ティエンジン》の2大都市をつなぐ直線を正三角形になおすと、ちょうどもうひとつの角になる場所がこのあたりだという。習政権はこのトライアングルの先端にある田園地帯を発展させて、上海《シャンハイ》や深圳《シェンヂェン》に匹敵する先進地域に育て上げる計画をぶち上げている。

だが、いざ足を踏み入れた現地の環境は劣悪だった。貧しさゆえに旧式の工場が多いためか、一見すると華北ののどかな農村なのに、大気汚染の深刻度は北京を大きく上回る。交通インフラも、私が訪れた時点（2017年4月15日）では非常に貧弱だった。ローカル鉄道は使い勝手が悪く、容城県から近隣の大都市である保定市内に戻るバスは午後5時になくなる。同じく新区地域に指定された、隣接する雄県や安新県に直通する交通手段すらほとんど存在しない。

後日、隣接する高陽《ガオヤン》県での話になるが、私が夕方に終バスがなくなって困っていると、オート三輪タクシーの運転手のじいさんが国道沿いの交差点に連れて行ってくれた。「この辺に立っておれば保定に帰れるのじゃ」と言われ、夕暮れの道端で半信半疑で突っ立っていると、見知らぬ地元の人たちを乗せた普通の自家用車がどこからともなくやってきて、

1人30元（約480円）で保定へ送ってもらえた。価格が良心的なのは、ヤミの交通手段が住民の足になっているから。逆に言うと他の交通インフラが存在しないからだ。ただし、白タクは感じがよかったのに、正規のタクシーはひどかった。

私が雄県から容城県に移動した際、片道80元（約1280円）の約束でタクシーに乗せてもらったが、運転手は走行中に100元（約1600円）に値上げしてきた。私が抗議すると、畑の真ん中に車を停めて「文句があるならここで降りろ！」と言い出す。10年前ならさておき、いまどきの中国でたった20元（約320円）ぽっちのために、この手の振る舞いに出る人がまだいたとは。怒るよりも驚いてしまった。

「あなたは泊まれないわ。この街に、外国人が泊まれるホテルはないんじゃないの」

話は冒頭の容城県の路上に戻る。よどんだ雨水まみれでようやくたどり着いたビジネスホテルで、受付の女性からそう言われた。中国では治安維持上の理由からか、宿泊施設によっては外国人の宿泊が許可されていないことがある。事前にネットで探しても見当たらなかったので覚悟はしていたが、まさか本当に、泊まれる場所がひとつもないとは。

「うーん。どうしても街にいたいなら、身分証《シェンフェンヂェン》を提示しなくてもいいヤミ旅館に行けば？」

ホテルの人間の発言とは思えない。

「じゃあ、せめて荷物だけでも預かってもらえませんか。然るべきお金は払いますから」

「外国人の荷物を預かった前例がないのでダメです」

人情のかけらもない。私は再び雨に打たれてスーツケースを引きずり、殺伐とした街を何㎞も歩き続けるハメになった。

雄安新区、容城県。この街は今後、中国有数の国際都市を目指してゆくはずなのだが。

「貧乏ベルト」のまっただなか

「新区設置が発表された際は、喜びよりも『なぜ？』という思いでしたね。現地には何の産業もなくて、小麦畑しかないことは私たちが一番知っていますし……」

数日前、北京の洒落た自然食品レストランでそう話したのは、市内の名門校で国際経済を専攻する河北省出身の大学院生だった。彼女は定州《ディンヂョウ》市郊外の出身だ。雄安新区のすぐ近くで、文化や地理的な環境がほぼ同じ地域である。

「うちの大学があっちに移転されたら？　せっかく北京の大学に合格したのに、そんなの絶対にイヤですよ。仮にそうなれば反対運動を起こすかも」

雄安新区への学術・金融の移転計画が噂されるいっぽう、実際に北京で学んだり働いたりする人たちはそんな本音を持つ。当然の反応だ。

雄安新区の中心には白洋淀《バイヤンディエン》という湖があるが、港湾を持たない内陸部だ。貿易や重工業の発展は望みづらい。

今後は整備されるにせよ、取材時点では北京からの足は安全性にやや問題がある高速バスにほぼ限られ、まともなホテルもほとんどない。

中国トップクラスの成功地域である上海の浦東新区の域内ＧＤＰが８７３２億元（２０１６年）に達するのに対して、雄安新区の域内ＧＤＰは２００億元ほどである。

「現時点では人口も少なく、何もない場所だ。だが、それゆえにゼロから都市を設計できるという考えなのさ」

別の日、知人の紹介で会った人民日報系の某媒体の記者はそう言うが、どこか空々しい。

中国は改革開放政策を打ち出した後の1980年以降、重点的な経済開発地域として深圳など6か所の「経済特区」と、上海の浦東地域など18か所の「国家級新区」を指定してきた。ただ、これらの特別地域は深圳と上海以外はあまり目立っていない。

中国が全国的に豊かになりはじめたゼロ年代なかば以降は、「経済特区」「国家級新区」という名前自体が色あせ、他の都市との区別もあまり意識されなくなった。近年、内陸部の貴州《グイヂョウ》省や甘粛《ガンスー》省にも国家級新区が設けられ、新疆《シンジャン》ウイグル自治区のカシュガルが経済特区に指定されたりもしたが、掛け声倒れの感が強い。

だが、今回の雄安新区について、人民日報や新華社など当局直系の主要メディアは他地域との相違点を強調している。雄安新区は単に国務院（内閣に相当）のみならず、「習近平同志を核心とする」党中央も批准する「千年の大計」であって、これまでの特別地域とは力の入れ具合が違う一大国家事業だというわけだ。

現在、中国経済を背負うツートップは上海と、深圳（および広州《グアンヂョウ》を加えた広東《グアンドン》省）の二大地域である。それぞれ上海を中心に杭州《ハンヂョウ》・蘇州《スーヂョウ》・南京《ナンジン》・寧波《ニンボー》などの衛星都市を多数擁する長江デルタ経済圏、同じく広州・深圳を中心に東莞《ドングアン》や佛山《フォオシャン》・珠海《チューハイ》などを従える珠江デルタ経済圏が周囲に広がっている。

だが、上海は江沢民《ジャンゼエミン》がテコ入れをおこなったイメージが強く、深圳は都市の成立経緯からして鄧小平《デンシャオピン》の肝煎りだ。前任の為政者たちを上回る権威を身に付けたい習近平としては、上海や深圳と同格の経済都市を、自分の手で作り出したいと考えているのだろう。

もっとも、習近平の野望の前途は多難に思える。

長江デルタ、珠江デルタとならぶ中国の三大経済圏として、首都の北京と天津・河北省からなる経済圏は京津冀《けいしんき》経済圏（遼東半島や山東半島も含めれば環渤海経済圏）と呼ばれている。雄安新区はこの京津冀経済圏の根本的なテコ入れを図るものだ。

しかし、気候や水運に恵まれた長江デルタや珠江デルタが、上海や深圳・広州といった中心都市の豊かさが周囲を引き上げる形で地域全体の複合的な発展に成功しているのに対して、首都・北京の周辺は「環首都貧困圏」と通称される低所得地域が広がる。北京や天津は、この「貧乏ベルト」の海のなかに浮かんだ島のような場所に過ぎない。

例えば北京市と隣接する河北省には、住民平均年収が２３００元（約3万６８００円）にも満たない村が３７００村以上、同様の県が30県以上も存在する。今回の取材で私が拠点にした、河北省の中核都市のひとつである保定市も、１０００万人近い人口を誇るにもかかわらず一人あたりＧＤＰは3万元（約48万円）ほど。全国平均（5万９６６０元）の約半分にとどまる貧しさであり、その発展の立ち遅れや環境保護対策の拙劣さは、ちょっと市内を散歩するだけでもありありと感じられる。

中国における、首都・北京の郊外の貧しさは習政権の成立以前から問題視されてきた。かつて胡錦濤《フウジンタオ》政権は政権第2期の第11回5か年計画（２００６～10年）の国家重点プロジェクトとして、北京の東部の河北省唐山《タンシャン》市の沿海部に総額９１０億ドル（約10兆円）を投じた「曹妃甸新区《ツァオフェイディエンシンチュイ》」の開発計画をぶち上げたこともあった。いわば、雄安新区の先輩格のプロジェクトだが、こちらは投資がまったく集まらず２０１０年ごろから開発が停滞し、いまや完全に「黒歴史」と化している。

だが、習政権はそれでもなお雄安新区の建設にこだわる。雄安新区の目標は、極度の過密状態にある北京を補完する都市として「非首都機能」（学術・研究機関や企業）を移転し、対外開放されたスマートでエコな副首都を建設することだ。

曹妃甸新区よりも立地的な魅力が薄い雄安新区を、前車の轍《てつ》を踏むことなく発展の軌道に乗せることができるのか。

あえて曹妃甸と雄安の違いを指摘するなら、それを提唱した為政者・習近平の政治的権威や指導力が、胡錦濤とは比較にならないほど強大である――。と、一般国民の目に映っている点だ。たとえ経済的合理性に合わない部分が出たとしても、政治の力で強引に開発が進んでいくイメージを持たれているわけである。

ゆえに雄安新区には、経済都市とは思えないほど、濃厚な「政治」の匂いが漂っている。

村道をすべて封鎖

「今年（2017年）の2月23日、いきなり村道がぜんぶ封鎖された」

安新県の中心部から8㎞離れた大王鎮《ダーワン》小王営村《シャオワンイン》で、雑貨店の店番の兄ちゃんはそう話した。村の周囲を覆う一面の小麦畑に、いい加減な舗装の道路。道端に無造作に捨てられたペットボトルやアイスクリームの芯に、建物の壁にスプレーで直接書きつけられた高利貸しや堕胎専門医の広告。赤土の上に廃品が積まれた空き地も目立つ。小王営村もまた、絵に描いたような華北のさえない農村だ。

だが、村の運命は2月23日を境に変わってしまった。なんの前触れもなく、習近平がやってきたのである。

「習主席はあっちの空き地に来たそうだ。『ここを雄安新区の中心にする』とおっしゃったらしいんだよ」

「あなたは習主席を見たの？」

「いや、俺だけじゃなく、一般の村人は誰も主席を見てねえと思うな。みんな屋内にいろ、家から一歩も出るなって、厳しいお達しがあった」

やがて4月1日、この安新県のほか近隣の雄県・容城県を雄安新区に指定することが突然発表された。さらに4月13日には国営通信社の新華社が、雄安新区の当面の範囲を小王営村を中心とした１００平方㎞にすると正式に報じる。将来的に、雄安新区は東京都の面積にほぼ匹敵する２０００平方㎞まで拡充が予定され、近隣の他県も含まれる見込みである。

代替の住宅は提供されるものの、村人は住み慣れた村を突然追い出されることになる。困惑していないかと尋ねてみたが、彼は「国の政策だからね。敏感なことだから」と口を濁した。

村まで送ってくれた県内のタクシー運転手によると、習近平がやってきた2月23日の当日の朝、安新県の主要な道路はほとんど封鎖され、この日は仕事をしないようにお達しがあったという。

習近平が来ていたことを知ったのは後日、人の噂でわかったのだった。

アジア有数の経済先進都市を目指す土地にもかかわらず、妙に「社会主義チック」で厳しい管理が目に付くのが雄安新区の特徴だ。往年の上海の浦東新区や深圳が、統制のタガを緩めた自由放任的な雰囲気のなかで発展したのとは、完全に対照的である。

例えば安新県では2月の習近平の訪問直後から、県内のすべての不動産業者が当局の命令で閉鎖された。この処置は新区設置が正式発表された4月1日以降は雄県・容城県にも広がり、さらに新区範囲外の隣接地域である覇州《バーヂョウ》市や高陽県まで及んだ。後日の報道で

習近平がじきじきに視察し、「特区の中心」に指定した小王営村（安新県）。

建設中にもかかわらず、売買が禁じられたマンション。そもそも不動産業者がみんな街から追い出されてしまった（雄県）。

は数人が土地転がしの罪で捕まったという。

現地を歩いてみると、雄安新区内のＡＴＭには高額の送金や受け取りを禁じる張り紙がべたべたと貼られていた。不動産投機の過熱と乱開発を抑制し、計画的な都市づくりを進めるための処置だとの説明だ。

だが、オフィスの入口が×印の紙で封じられた廃店舗がいくつも並ぶ街並みは、投資抑制政策というよりも「不動産屋狩り」とでも言いたくなる凄惨な光景である。看板の文字まで徹底的に削り取られ、書類が乱雑に床に散らばったりイスが横倒しになったまま無人になっている店舗は、突然の手入れが入った盛り場の賭博場のようにすら見える。

「街の不動産屋は、政府の手で『旅行』を名目に街から強制的に隔離された」

と、覇州市に住む教師の男性は証言した。

中国でこうした強制旅行は「被旅遊《ベイリュイヨウ》（旅行させられる）」と呼ばれる。通常、民主化運動家や人権派弁護士などの当局に不都合な人物が、党大会や国家的イベントの開催期日や六四天安門事件の発生日（6月4日）などに、目立った抗議活動などをおこなうことを防ぐために採られることが多い処置だ。

すなわち、雄安新区では現地でカタギの仕事をしていただけの不動産業者たちが、反体制主義者と同レベルの「政治迫害」を受けていることになる。

「現在、雄安新区の不動産の入手は、よほど太いコネを通じた地下ルートを使うしかない。一般人が自由競争のルールのもとで投資することは不可能だ」

2017年4月1日に雄安新区の設立が発表された直後、土地の値上がりを見越して不動産取得を狙う国内外の企業や投資家が殺到した。雄県で聞き込むと、台湾や香港は当然のこと、ロシアや韓国の投資家までやってきていたという。

だが、間もなく現地の厳しい政治的締め付けと、部外者へのロックアウト政策を知り、誰も来なくなった。

強制閉鎖された店舗だらけの街は殺伐とし、地域全体に戒厳令が敷かれているかのような重苦しい空気が漂う。これから中国経済の中心として明るい未来を迎える街とは、どうしても思えない。

「雄安新区の件に関心はないですよ。庶民の生活がすぐに改善するわけじゃないでしょう。

むしろ今回の決定で、自分の店や自宅を失う不安のほうが大きいですね」

雄県で小さなスーパーを営んでいる主婦は淡々と話した。現地の住民の表情から、景気のいい巨大プロジェクトへの期待に沸き立つ様子は感じられない。

怪文書、出回る

「雄安新区の建設は純粋な経済発展が目的ではなく、党内の権力闘争の結果だ。北京の金融・社会資本の多くが江沢民派に握られているのに業を煮やした習近平は、雄安新区の建設を通じて、自分の完全な支配下に置いた副都心に北京の金融資本の7割を引き抜こうとしている」

4月1日に雄安新区の設置が発表されてから、北京市民の間では内部情報のリークと称する出所不明の情報が、SNSを通じて数多く流れた。ネット上の通信が当局に筒抜けになっている中国で、こんな情報を流していて大丈夫なのかと思うが、「政権の内情」を伝えると称するこの手の怪文書は習政権の時代になってむしろ増えた。

中国共産党の幹部養成機関・中央党校出身で、北京市通州《トンヂョウ》区政府での行政経験も持つ民主活動家の顔伯鈞《イエンボォジュン》は、この手の噂を「十分にあり得る話」だと述べる。かつて顔は共青団派（党の青年組織・共産主義青年団にルーツを持つ党内派閥で、胡錦濤らの系列人脈）の「下っ端」に属していた若手党員で、2013年まで体制内で改革運動をおこなっていたが、習政権の締め付けを受けて2015年2月にタイに亡命した人物である（私は彼の亡命記『「暗黒・中国」からの脱出』（文春新書、2016年）を編訳した縁がある）。

「地理的な魅力が薄い雄安新区が今後発展する要因は、習近平の独裁権力のみに頼らざるを得ない。そもそも華北地方の経済発展は、江沢民時代の環渤海経済区構想、胡錦濤肝煎りの曹妃甸新区など、歴代政権が好況下ですら満足な結果を出せなかった鬼門です。習が失脚するか引退すれば、雄安新区は間違いなく大失敗に終わるでしょうね」

ちなみに雄安新区の事実上のトップは、元上海市長で2017年4月時点で79歳の徐《シュイ》匡迪《チュアンディ》、それをバックアップするのは元深圳市トップの許勤《シュイチン》だ。徐は元総理の朱鎔基《ヂューロンジー》の部下で、許は国家発展改革委員会出身の人物。経歴を見るといずれも派閥色が薄く、習近平との縁もあまり濃くなさそうだ。そもそも高齢の徐匡迪が引っ張り出された点からしても、かなり独特な人材起用である。

徐匡迪は6月7日、「雄安新区は北京からの風水の卦《け》がよい（のでこの場所に決めた）」と、唯物論の共産主義者らしからぬ談話を発表。年配者ならではのトボけた言動も目立つ。雄安新区が大コケしたときに習近平派の幹部の経歴に傷が付かないように、泥をかぶっても問題がないロートル政治家を担ぎ出してきたように見えなくもない。

実のところ、将来的に雄安新区に組み込まれる近隣地域の高陽県は、習近平の母・斉心《チィシン》の故郷だ。父の習仲勲《シイヂョンシュン》の墓を巨大公園に変えたり、自分が文革時代に下放された梁家《リャンジャー》河《ヘェ》村を観光地化してしまう習近平がわざわざ「この場所」に副都心の建設計画をぶち上げたのは、彼の従来の行動パターンから考えれば自然な話でもある。

もしかすると「環首都貧困圏」の解決と京津冀経済圏のテコ入れが中国にとって長年の政治的課題だったのをよいことに、母親の故郷を経済発展させようとした――。というのが、雄安新区がこの場所に決まった一因かもしれない。

場所決めの理由を「風水」と嘯《うそぶ》き、高陽県を雄安新区のスタート段階の範囲に含めずに「追加パック」にとどめたのは、習の個人的事情が政策に反映されていることを対外的にあまり強く印象付けないための方策だったのではないか（梁家河村の窯洞《ヤオドン》の名称を「習近平旧居」にせず「知青旧居」にしたのと同様の配慮である）。

「雄安新区」は外部からの土地購入すらろくに許されていない閉鎖的な場所であるにもかかわらず、2017年の中国のネット流行語のひとつになった（もちろんこの流行語ランキングを発表したのは当局の息のかかったメディアである）。とにかく、無理矢理に社会全体のムードは盛り上げられている。

新区の建設計画は2018年になっても頓挫することなく続いており、4月には建設の大方針である「河北雄安新区規画綱要」が発表された。これによれば、雄安新区は2035年までに、グリーンで低炭素化や情報化・スマート化が進んだ、働きやすく暮らしやすい「高水準の社会主義現代化都市」となる予定だ。

だが、現場から見えてくるのは、権力闘争・縁故主義・風水という、エコでスマートな副都心とは無縁の言葉ばかりである。

雄安新区の設置は、むしろ独裁皇帝・習近平の遷都計画、と呼んだほうが実態に近いのではないか。無から有を強引に生み出す政策が実を結ぶか否かは、ひとえに習近平の権力がいつまで維持されるかにかかっているはずである。

第5章

ゴーストタウン「鬼城」の住人たち

—内モンゴル自治区 ウランチャブ市・オルドス市—

ユーラシアは広い。

そんな感想を持たざるを得なかった。ここで「中国は広い」と書かないのは、歴史的にも文化的にも、この場所を「中国」と言い切っていいのか非常に悩ましいからである。

2015年の8月15日だった。私の眼前に広がるのは、地平線の先まで続く一面の草原と、青い空にわずかに浮かぶ薄雲、照りつける太陽。そんな空間を貫く一本の高速道路だ。

「モンゴル人は強いんです。かつてモンゴル人に支配された中国人やロシア人は、いまなお心の底で僕たちの力を恐れている。だから、彼らはモンゴルをふたつに分けたんです」

日本製のセダンを時速140kmでかっ飛ばしながら、流暢な日本語でそんな話をしたのは中華人民共和国内モンゴル自治区フフホト市郊外出身のバヤンさんである。当時38歳のモンゴル族。若い頃に日本に留学して、内モンゴルの近代史を博士課程まで学んでから帰国し、現在はフフホト市内で小さな旅行会社を経営している。外見は若々しく、30代前半くらいに見える壮健な雰囲気の男性だ。

中国人（漢人）には日本語が上手な人が大勢いるが、バヤンさんの発音や文法はより自然だ。日本で文系の大学・大学院教育を受けているのに加えて、彼の母語であるモンゴル語が、漢語よりも日本語に文法構造が近いからだろう。

この日、バヤンさんの用事はふたつあった。

ひとつは、私たちの車に同乗している親戚の女性とその5歳の息子を、高速道路で600km走った先にあるシリンゴル盟の正藍旗《チェンラン》（ショローン・フフ旗）まで送り届けてあげること。もうひとつは、彼の中学時代の同級生で「会社をいくつも持っていて羽振りがいい」アルタンさんというモンゴル族の友人たちから誘われたので、シリンゴルの草原で彼らと週末を過ごすことだ。なお、「盟」と「旗」はそれぞれ中国内地において2番目と3番目に大きい行政単位（地級市と県）に相当する、内モンゴル独特の行政単位である。ちょうど現地で取材をすることになっていた私は、知人の紹介を通じてそんなバヤンさんの車に乗せてもらっていたのだった。

もうひとつの「モンゴル」

中国の歴史は、北方の草原地帯に暮らす遊牧民族と、南の農耕地帯の漢民族との闘争と同化の歴史である。

匈奴《きょうど》・鮮卑《せんぴ》・柔然《じゅうぜん》・突厥《とっくつ》・回紇《かいこつ》・契丹《きったん》……と、草原では紀元前からさまざまな民族が遊牧帝国を築き、南の中華王朝に従ったり攻め込んだりを繰り返してきた。12世紀にはチンギス・ハーンが台頭し、彼とその子孫たちが中国内地だけではなくロシアや中東をも飲み込む大帝国を建設した。結果、チンギスの出身部族だったモンゴル部の名前は、ユーラシア大陸東北部の草原の民たちの民族や国家を指す名前として広く使われるようになった。

その後、20世紀になって力を弱めたモンゴルは、外モンゴルがソ連の衛星国・モンゴル人民共和国（現、モンゴル国）になり、内モンゴルはやがて中華人民共和国に組み込まれて内モンゴル自治区になった。中国への帰属にあたって活躍したモンゴル人の中国共産党員で人民解放軍上将だったウランフは、国家副主席や副総理を歴任し、少数民族としては驚異的な高官の地位に就いている。

「あくまでも僕の感覚ですが、中国の少数民族のなかで満族《マンズゥ》（満洲人）とモンゴル族って、他の少数民族とはちょっと違う感じがするんですよね」

「面白い。どう違いますか？」

「なんというか、自分たちの民族への帰属意識は持っているけれど、中国国家の主役としての自己認識も持っている印象があるんですよ。『中国は漢人と満洲人とモンゴル人が作った国だ』みたいな感じの」

バヤンさんが「なるほど」とニヤッと笑った。

「確かにそうです。だって、もしもチンギス・ハーンがいなかったり、元《げん》朝や清朝がなかったりしたら、中国はこんなに大きくて強い国にはなれていないでしょう？　漢人たちはもっとモンゴル人に感謝してほしいものです」

かつてのモンゴル帝国は分裂後、東方部分が中国の明・清帝国の母体になった。満洲皇帝がモンゴルのハーンの権威を受け継ぎ、やがて中国本土を征服した清朝の領域は、外モンゴルを除けば現在の中国領土とほとんど同じだ。実のところ中華人民共和国は、かつての元朝から清朝につながる草原の民の王朝の継承国家としての系譜も持っている。

「僕たちとチベット族やウイグル族に違いがあるなら、そこなんでしょうね」

私は以前、『境界の民』（ＫＡＤＯＫＡＷＡ、２０１５年）という本の取材で新疆ウイグル自治区に行ったことがある。現地のウイグル族は民族全体が反乱予備軍みたいな扱いだ。大量の監視カメラと武装警察に取り囲まれ、民族区分だけを理由に就業やホテルでの宿泊を断られるなどの明確な差別も受けていた。ただ、内モンゴルはそこまで悲惨ではない。

「中国政府の漢化政策や放牧の禁止は非常に不満だし、そもそも中国語ができないと自分の国（＝中国）で仕事が見つからないのも変な話なのですけれどね。でも、モンゴル族が経済的に豊かになることは可能だし、露骨な蔑視も受けていない」

もちろん悲しい実態もある。１９６０年代、内モンゴルでは文化大革命のなかで凄惨な粛清が展開され、一説では十数万人のモンゴル族が迫害死した。最近でも２０１１年５月に地下資源開発に抗議した遊牧民が不審死したことで、これに抗議するモンゴル族の大規模なデモが各地で発生した。

影響力は小さいが、海外在住の内モンゴル出身者には中国からの分離独立運動を訴える動きがある。内モンゴル自治区の人口のうち、モンゴル族は約17％しかおらず、流入する漢族によって人口比が圧迫され続けている。

ただ、内モンゴルは中国の少数民族自治区としては、新疆やチベットと比べると相対的に安定しているのも確かである。

もっとも、良くも悪くも漢族との距離が近いゆえに、中国の野放図な経済発展や投資バブルにモンゴル族が乗っかるような構図も生まれてくる。ちょっと前置きが長くなったが、私が今回内モンゴルにやってきたのも、そんな事情を目で見てみるためだった。

鬼城《グイチェン》——。すなわち、中国版ゴーストタウン。

計画性のない開発計画ゆえに、建設されたものの誰も住んでいない分譲マンションや、外側だけは立派だが利用者が誰もいないハコモノばかりが林立している街のことだ。内モンゴル自治区は、この「鬼城」が中国でも特に多い地域として知られている。

交通量ゼロの8車線道路

果てしなく広がる大草原を真一文字に貫く高速道路を、東へ向けて走り続けた。やがて小さな丘を越えた先に、場違いな高層建築の群れがいきなり現れた。

インターを降りて市内に入る。

8月のモンゴル高原の太陽がマンション群を照らし、その影が無人の道路へと伸びている。マンションに人が住んでいる気配はなく、周囲の店舗はシャッターを閉めた店も多い。

人工物だらけの空間なのに、周囲の草原と変わらない静寂だけが街を支配していた。

ここは北京の北西300㎞に位置する、内モンゴル自治区ウランチャブ市集寧新区《ジィニンシンチュイ》だ。ウランチャブとはモンゴル語で「紅い断崖」を意味する。17世紀末に清朝に従ったモンゴルの部族がこの場所に集まったことで、付近の河の名前を取ってウランチャブ盟という地名が生まれ、2003年に市制がスタートした。

だが、往年は遊牧民の楽園だったこの場所は、近年不名誉な形で注目を集めつつある。


通行する自動車がほとんど見られない8車線道路を通り、市政府へと向かう。

10階建ての庁舎は、敷地面積が東京ドーム2・8個分に相当する13万平方mで、職員1万2000人を収容可能だとされる。2013年秋の完成当初、都市規模に見合わない無用の長物だとして、ネットなどで批判が殺到した建物である。

ウランチャブ市の人口は300万人足らずだが、その面積は日本の関東地方全都県の面積の1・7倍もある。市は周辺の11の県や旗を合わせて成立しており、郊外の8旗県は国家級貧困県に指定されるほどの貧しさに苦しんでいる。外見だけはゴージャスな巨大建築物だらけの市内中心部・集寧新区は、そんな貧困県と草原の海のなかに存在する。

庁舎の南には広大な公園と、三角形をいくつも組み合わせた珍妙なデザインの市営体育館が鎮座していた。この街が報道される際には必ず写真に写り込む有名なハコモノだ。

メジャー競技のプロチームが本拠地を置くわけでもないウランチャブで、こんなに大きなスポーツ施設が活躍する機会は多くないだろう。周辺は「緑化」のつもりなのか、一面に緑色のソフトマットが敷き詰められていた。

「許可の無い者は入るな！」

体育館の内部に入ろうとしたところ、警備員に怒鳴られた。施設は稼働中のはずだが、一般市民の利用を想定していないのか。

隣接するのは、現代美術風の外見を持つ真新しい市営博物館だ。建築面積は9000平方mで、2012年に改築された。内部には3万件以上の文物を収蔵し、恐竜の化石や1000年前の契丹国の女性のミイラのほか、北方民族のさまざまな遺物が展示されているというが、私が訪れたときは「長期休業中」とのことで内部に入れなかった。

街には大量の「爛尾楼《ランウェイロウ》（建築中に放棄された幽霊ビル）」も目につく。

鉄骨がむき出しのまま、工事車両や労働者の姿がまったく見えなくなったマンションやホテルはあまりにも多い。ウランチャブ市営体育館から数区画先には、20階はありそうな巨大な高級ホテルが全体の8割ほどの工事が完成した状態のままで放置されて、異様な威圧感を放っていた。

「ウランチャブ市のトップ（市党委書記、当時）は王学豊《ワンシュエフォン》と言って、評判が悪いんですよ。特に根拠もなく『この街は人口が増えるから』と、極端な宅地開発計画にゴーサインを出しちゃって、こんなことになってしまいました」

バヤンさんはそう説明する。胡錦濤政権（当時）が2011年に開始した第12回5か年計画の開始以来、王学豊は3年間で70万人の人口増を見込み、大量の宅地造成を計画。農地を1畝《ムー》（667平方m相当）あたり数千～1万元（約数万～16万円）の廉価で接収して投資を募り、開発を進めた。

結果、2011年から3年間、市内で新築された分譲用のマンションは5・6万棟に及んだ。その大部分は中心部の集寧新区に集中したが、人口30万人余りの同区の需要を大幅に上回っているのは明らかだった。しかも、人口の70万人増加を見込んだ試算は絵に描いた餅に終わり、集寧新区の人口はその先３年間でむしろ減少してしまった。

取材前年の２０１４年４月に『中国経営報』が報じたところでは、同年に建設が停滞状態にあった分譲マンションは７９３７棟、建設済みのマンションにも入居者はほとんどいなかったという。この年の旧正月には建設労働者に対する大量の賃金未払いが報じられ、通報があっただけで58件、労働者１７２６人への未払い額は約１５９１万元（約２億５０００万円）にのぼった。

大量に放置された建設途中の建物や、建設されたのに誰も住んでいない分譲マンションは、私の取材時点でもそのままになっていた。こうして、現在の「鬼城」の光景が生まれてしまったわけである。

「王学豊はオルドス市（後述）の幹部から栄転した人なんですよ。同市が２０００年代に急成長した手法をマネたんです」

当時、出世目的の公共事業や宅地開発は各地で見られ、「面《ミエン》子《ヅ》工程《ゴンチェン》」と呼ばれた。

胡錦濤政権の時代まで、地方官僚はとにかく赴任地を経済発展させれば高く評価された。また、汚職が蔓延していた当時は、開発によって地方官僚の懐に多額のカネが転がり込むのが通例であり、野放図な都市開発にいっそう歯止めが効かない状態になっていた。

各地の地方政府は、安価で調達した農地を不動産開発に回す形でその財源を捻出した。地価が高騰していた当時、分譲マンションは建てるほどカネが生まれる魔法の箱でもあった。その部屋は投資目的で購入されるため、実際に人間が住むケースはほとんどない。

そもそも、草原の海に浮かぶウランチャブ市の分譲マンションに、入居者が引きも切らないような事態は起こり得るものか？　ごく簡単な疑問に目をつむったまま、行政とカネ余りの市民が一体になった投資ゲームが進行していった。

この手の「爆開発」官僚のなかで、ウランチャブ市のトップ・王学豊は頭一つ抜けた派手な人物として知られていた（なお、彼は習近平時代に入った2016年9月に失脚し、約1600万元〈約2億5600万円〉の賄賂を受け取った罪状で懲役15年の判決を受けた。他にも市の幹部が何人か失脚している）。

ゆえに、怪しげな錬金術は間もなく馬脚をあらわす。

まず、習近平政権の成立前夜の2012年ごろから不動産価格の引き締めが意識されるようになった。また習政権は2014年から、従来型の発展至上主義の見直しを強く求める「新常態《シンチャンタイ》（ニュー・ノーマル）」政策を打ち出しはじめた。この新常態は、従来通りに美味い汁を吸えなくなった党幹部や地方官僚たちの反発も大きく、習近平は同様の政策を出したり引っ込めたりを繰り返しているが、それはさておき地方都市がこれまでおこなってきた歪んだ発展ごっこを崩壊に導くには充分であった。

結果、地方都市の不動産は塩漬けとなり、幽霊ビルやハコモノ行政施設だけが残った。

街の鬼城化はウランチャブ市に限った話ではなく、中国国内各地——、特に内モンゴル自治区の各地で際立って深刻だ。2013年、広州の『時代週報』が発表した中国鬼城12都市の特集には、オルドス市・清水河《チンシュイヘェ》県・バヤンノール市・エレンホト市と、内モンゴルの4都市が登場している。他にも区都のフフホト市新城《シンチェン》区をはじめ、鬼城化した場所は多い。バヤンさんは言う。

「内モンゴルは辺境なので中央政府の目が届きにくかった。それに、石炭や天然ガス・レアアースなどの豊富な地下資源に加えて、中国本土とは比較にならないほど広大な『空き地』もある。投機マネーが集中しやすい環境が揃っていたんですよ」

加えて言うならば、中国共産党は今世紀に入って以来、内モンゴル自治区の「脱・放牧化」と都市化に異常なほどの執念を傾けている。内モンゴルで雨後の筍《たけのこ》のように鬼城が出現した背景には、当局の対モンゴル族政策も大きく関係している。

「俺たちは漢化してしまった」

ウランチャブ市を去って、北東のシリンゴル盟へと自動車を走らせた。

シリンゴル行きの目的は鬼城取材ではなく、バヤンさんの友人で、別行動で移動しているアルタンさんのバカンスへの付き合いだ。車が高速道路に乗ってしばらく進むと、先ほどまでのマンションの洪水がウソのようなモンゴル高原の大自然が車窓に延々と広がった。

フフホトからシリンゴル盟正藍旗への道のりは、ウランチャブを経由して約６００㎞だ。東京都内から秋田市までに相当する距離だが、バヤンさんやアルタンさんにとっては普通の週末のドライブ先らしい。かつて遊牧民だった人たちは自動車や飛行機の長距離運転を好み、運送業者やパイロットなどの職業に就く人も多いというが、彼らを見ていると納得するしかない。

夕方に正藍旗の市街地で親戚の母子を降ろし、草原へ車を走らせてアルタンさん一行と合流した。着いた先にはいくつかのゲル（北方民族の伝統的な移動式住居）があった。

「日本からようこそ！　今夜はここで泊まっていってくれ。宴会をやろう」

アルタンさんが握手を求めながら言う。やや小太りで短髪、成功した事業家らしく豪快な雰囲気だ。この日のゲルでの宴会は、バヤンさんを含めた男女の友人数人と開かれた。

ゲルの幕内には移動発電機による電灯が灯り、チンギス・ハーンの肖像画とタルチョー（チベット仏教で用いられる祈禱旗《きとう》）が掲げられていた。草原の真ん中なので上下水道などはなく、シャワーは我慢して（空気が乾燥しているので気にならない）、トイレはちょっと遠くに掘ってある穴で済ませる。卓上には山のように盛り付けられたヒツジ肉と、馬乳酒の入ったポットと、さらにアルコール度数が50度近くある白酒《バイジョウ》の瓶が並んでいた。

「僕たちは普段は街に住んでいますが、まとまった時間ができるとこうやって草原に来て、みんなで遊ぶんです」

バヤンさんが言った。

こうした場所はゲルキャンプという。

現在、中国領内で伝統的なゲルで暮らす人はほとんどいないが、都市部の中産階層のモンゴル族は、ときおりこの手のキャンプで草原の暮らしを疑似体験してリフレッシュする。彼らが都市で暮らすようになったのは、ひとつは経済発展が理由だが、もうひとつは中国政府の政策的な事情によるものだ。

1949年の建国以来、中国共産党は遊牧を「遅れた生産様式」であるとみなし、遊牧民の定住化政策を進めてきた。さらに21世紀に入ると「草原の環境保全」を理由に、多くの地域で放牧を禁止・制限し、遊牧民を都市周辺部の移民村へ移住させる「生態移民」政策を実施するようになった。草原を奪われた元遊牧民には、都市部での低賃金労働への従事を余儀なくされた人も多い。生態移民はモンゴル族の間で非常に評判の悪い政策だが、中国は庶民がお上の決定に反対できるような国ではない。

いっぽう、生態移民政策と並行するように内陸部の経済発展促進をうたう西部大開発の方針が唱えられ、内モンゴルでの鉱物採掘や都市開発が大規模に進められた。草原からは伝統的な遊牧民が姿を消したかわりに、分譲マンションとハコモノだらけの無人都市と、鉱物採掘で一発当てるべく内地からやってきた漢人の山師たちが跋扈《ばっこ》するようになった。もっとも、遊牧から離れたモンゴル族にも、バヤンさんやアルタンさんのように社会的な成功者はいる。彼らは都会の暮らしに疲れると数百㎞のロングドライブをおこない、観光客向けに作られたゲルキャンプで憩いのひとときを過ごすのだ。

夜はふけてゆく。うすうす予想はしていたが、宴会は凄まじかった。男たちはひたすらヒツジ肉をむさぼり食い、馬乳酒と白酒をがぶがぶと飲んでタバコをふかす。

私はアルタンさん一行からウランチャブの情報を聞き、オルドスに住む取材相手を紹介してもらう手はずを取り付けたが、途中からは場が乱れ、みんなで好き勝手なことを喋り合うようになった。

「内モンゴルの人は、外モンゴルの人をどう思っているんですか？」

「同胞ですよ。（モンゴル国出身の）朝青龍や白鵬が日本の大相撲で横綱になったときは嬉しかったな」

バヤンさんが言うと、同席していた別の男が口を挟む。

「だが、外モンゴルの連中はロシアの影響を受け過ぎた。文字もキリル文字だ。われわれはちゃんとモンゴル文字を使っているのに」

「内モンゴルのほうが、伝統が残っているというわけですか？」

「いや、内モンゴルは中国の同化政策と開発が進み過ぎた。伝統の面では外モンゴルのほうがずっとマシだ。俺たちは漢化してしまった」

そういえば、彼らはモンゴル族同士でも、たまに漢語で会話することがある。

「中国のテレビは抗日ドラマばっかり放送しやがって、腹が立つんだ。日本は内モンゴルを応援してくれた。中国が戦争で負けていれば俺たちはもっと幸せになれたのにな」

一人が言い出すと何人かがうなずいた。みんな40歳前後の戦後生まれだが、歴史の話は共通認識らしい。

1930年代、日本の関東軍は中国東北部に愛新覚羅溥儀《あいしんかくらふぎ》を皇帝に仕立てた満洲国を作った。いっぽう、内モンゴルの東部では徳王《デェワン》（デムチグドンロブ王）という、チンギス・

ハーンの第30代の孫であったモンゴル王侯を援助して、傀儡《かいらい》政権の蒙古《もうこ》聯合自治政府を作らせた。いわゆる内蒙工作の成果というやつだが、日本の敗戦とともに蒙古聯合自治政府は雲散霧消した。

「日本がもうちょっと頑張っていれば、徳王は内モンゴルを独立させられたはずだ。漢人は徳王を漢奸《ハンジエン》（売国奴）だなんて言うが、大間違いさ」

もっとも実際のところ、「独立」を強く望んだ徳王の申し出を、日本は最後まで認めなかった。蒙古聯合自治政府の実権は日本人に握られ、大戦中は興亜院（日本の政府機関）の指示のもとで阿片《あへん》ばかりを作らされていた。

終戦によって内モンゴルの主人は中国に変わったが、仮に大日本帝国が主人のままでもろくなことにならなかっただろう。かつては世界の覇者だったにもかかわらず、いまや周囲の大国に翻弄されるようになった草原の民の哀しさだ。

「ちくしょう。乾杯だ！　モンゴル人はすごいんだぞ。明日は、あんたを上都《シャンドゥ》に連れて行ってやる。楽しみにしておけよ！」

ヒツジの骨が山盛りになったボウルを前に、酔っ払ったアルタンさんがそう怪気炎を上げて白酒の杯を掲げたあたりで、私は酔っ払ってぶっ潰れた。

中国一のゴーストタウン・オルドス

――話は数日後、2015年8月18日へと飛ぶ。

いったん区都のフフホトに戻っていた私は、内モンゴルの鬼城の代表的存在であるオルドス市へと向かうことにした。フフホトからは黄河の上流を横切って南西に進み、高速道路で200km。オルドス平原は黄河が湾曲した河套《かとう》と呼ばれる土地の一部であり、紀元前に秦の猛将・蒙恬《もうてん》が匈奴と攻防を繰り広げたほか、ながらく中原王朝と草原の民の争奪戦の舞台になってきたいわくつきの地だ。

そんなオルドス市は、新市街であるカンバーシ新区のほぼ全域が鬼城となっている。市の総人口が約205万人（都市部人口約65万人）なのに、新規に100万人の入居者を見込んで開発が進められた結果である。また20kmほど離れた旧市街にも鬼城が目立ち、合計すれば山手線の内側面積に相当する広大な空間が丸ごと無人都市化している。

午後8時ごろに到着すると、さっそく不気味な光景が私たちを出迎えた。建物の角がす

閑古鳥の鳴く公園の背後には、無人マンション群がそびえる（オルドス市カンバーシ新区）。

ショッピングセンターには、客だけでなく店員を見つけ出すことすら困難だ（オルドス市カンバーシ新区）。

べて黄色や白色の電飾で縁取られているのに、肝心の「部屋」の電気がほとんど点いていない高層マンションが林立していたのだ。

現地を案内してくれたビジネスマンいわく、カンバーシ新区の中心部のマンションは、物件それ自体の7～8割にはれっきとした所有者がいるという。マンション側は物件が「死んで」いないことをアピールするために、電飾で照らし続けているというわけだ。

巨大な液晶掲示板を屋上に据えたビルもあった。誰一人見ている人間がいなさそうなのに、CM動画や中国共産党のプロパガンダ動画を延々と流し続けている。画面の解像度は良好で、映像は沿岸都市の繁華街で流れていても不自然ではない垢抜けた演出だ。

理由は後述するが、オルドスの一人あたりGDPは中国全土でもトップ争いの常連だ。数字の上では、オルドス市民は上海や深圳の市民並みか、それ以上のカネ持ちである。

そのため、道路の幅や整備水準、立ち並ぶ摩天楼や広告看板のデザインはいずれも先進国的に洗練されており、広東省のイノベーション都市・深圳の中心部とも互角に張り合えるクオリティを誇る。ただし深圳との違いは、人間の営みの気配が感じられないことだ。

「おなかすいた……」

時間が遅いので何か腹に入れようと思ったが、「大都市」の中心部なのに数km先まで営業中の食堂はなく、コンビニやキオスクも見つからない。車でさんざん走り回り、やっと見つけた山東《シャンドン》料理店に入ったところ、60席はありそうな店内で客は私たちだけだった。

宿は旧市街のホリデイ・インを選んだ。七色にライトアップされた無人の橋を渡った先にある旧市街は建築途中で放棄された建物が多く、「無人先進都市」だったカンバーシ新区とは異なる凄愴《せいそう》とした雰囲気がある。ホテルの宿泊客はほとんどおらず、一人だけいる受付のお姉さんは居眠りをしていた。外資系のホテルチェーンとは思えないユルさだ。

「石炭の産地であるオルドスは、2000年代前半から露天掘り技術が発達したことで産出量が激増し、爆発的な経済成長が始まりました」

とは、出発前に会った関東地方の某国立大学大学院で学ぶオルドス出身のモンゴル族留学生、ジャルガルさん（仮名）の弁だ。2002年に従来の伊克昭盟《イーケーヂャオ》（イフ・ジョー盟）が廃止されてオルドス市が発足したのと、経済成長の開始は軌を一にしている。

オルドスは「中国のドバイ」とも呼ばれている。もともとは何もない場所だったのが、地下資源ブームによって一気に金持ち都市へと変貌を遂げたからだ。オルドスの石炭の調査済埋蔵量は2017億tで中国全土の6分の1を占め、さらに天然ガスの埋蔵量は4・4兆立方mで全国埋蔵量の3分の1を占めている。

結果、どんどんカネが集まりオルドスの都市開発――、もとい投資開発が進んだ。2004年からはカンバーシ新区の建設もはじまった。

その後の展開は他の街よりも極端だ。ジャルガルさんは言う。

「経済成長の速度があまりにも速かったので、開発をあせった市政府の側は、高額で土地を買い上げるようになりました。結果、土地の売却金で潤った地元の一般住民も、手元のカネでマンション投資に参入していったんです。普通の家庭でも3~4個の不動産を持つのが当たり前になっていきました。モンゴル族も漢族も、みんなそうだったんです」

「地元住民として、故郷の急激な変貌に不安感を持ったり、バブル化に懸念を抱いたりはしなかったんでしょうか?」

「あまりなかったんですよね。『鬼城』と呼ばれようが、街に大きな建物がたくさんできて、大都市になるのは嬉しいことでしょう。なにより、面白いように儲かりましたし」

モンゴル族と漢族には共通点もある。眼の前の欲望に弱く、上手くいっているときは行け行けドンドンで果てしなく走り続けてしまうことだ。

フェラーリにロールスロイス

２０１０年にオルドス市の一人当たりＧＤＰは全国１位になった。市民はにわか石炭成金や不動産成金になり、街角にはフェラーリやロールスロイスが溢れた。お気に入りの美容室に行ったり買い物をするためだけに、ビジネスクラスで北京まで飛ぶ金持ちマダムも数多く出現した。

だが、12年に石炭の国際価格が暴落し、資源バブルは崩壊する。取材時点の石炭価格は往時の半額程度で、炭鉱の６割が休業中だった。市政府の負債は１０００億元（約１兆６０００億円）にのぼり、不動産購入やハイリスクの金融投資といった財テクにいそしんでいた市民の投資も焦げ付いた。オルドス市内に住む、30代のモンゴル族の女性教員は話す。

「２０１２年時点で１平方ｍあたり１万元（約16万円）近くだったカンバーシ新区中心部の不動産価格も、いまは半額以下の４３００元（約７万円）ほどになりました。売り抜けに失敗した市民は大勢います」

昼間のカンバーシ新区を歩くと、お城のように巨大な市政府庁舎のほか、前衛建築風の博物館や図書館、金銀の巨大なオブジェを多数配置した公園など、豪華すぎる公共施設があちこちに点在していた。だが、市中心部だけでも建設費50億元（約800億円）を投じたという施設群の利用者は非常に少ない。そもそも通行人がほとんどいない。

試しにオルドス博物館に入ってみたが、全長20m以上の竜脚類の全身骨格をはじめとした高価な展示物がやたらにある割に、付属の説明文の中身や展示方法が不親切で、しかも来場者が少なすぎるせいで館内のいくつかの展示室が立入禁止になっていた。

ショッピングモールは閑古鳥《かんこどり》が鳴き、面積の半分近くが閉鎖されたフロアもある。店員の数も少ない。昼食はフードコートで食べたが、やはりお客はほとんどいない。固定費の削減のためか電気が消されており、私たちは薄暗いなかでまずい牛肉麺をすすった。

この日は天気がよく、乾いた草原の風が心地よかった。陽光に照らされた大通りに、人の気配がまったくないピカピカのマンション群が何kmにもわたって延々と続いている。

「これだけ空き部屋があるなら、住宅に困っている人に安く分配すればいいのに」

取材中、現地の多くの人が漏らした感想である。天井値を打ったとはいえ、北京や上海の不動産価格は殺人的に高い。住宅を購入できないことを苦にした若者が自殺したり、結婚を諦めるような話も多い。必要な場所に必要なものが提供されないまま無残な姿を晒《さら》す鬼城の姿は、中国社会のいびつさを示す何よりの証拠ではあるだろう。

…この都市は現に統治中のクブライ・カーンが創設した所である。クブライ・カーンは城内に大理石をも使用した石造の一大宮殿を営造したが、数ある広間や部屋はすべて金箔を張り鳥獣細工を嵌め込み各種の花卉《かき》草木を描いて装飾されている。全く華麗を窮め善美をを尽くした輪奐《りんかん》である――

「八二　首都シャンドゥ市とカーンの壮麗な宮殿」

マルコ・ポーロ著、愛宕松男訳注『完訳　東方見聞録1』（平凡社）

――最後に、話をゲルキャンプの宴会の翌日に戻す。

私はバヤンさんとアルタンさんに連れられて、かつてモンゴル帝国の夏の都だった上都

（シャンドゥ）の遺跡を訪れた。彼らとしては、かつて自分たちの祖先が世界を支配していた時代の忘れ形見を、日本から来た私に見せたかったらしい。

上都は正藍旗の街から遠く離れた草原のただなかにある。

フビライ・ハーンの城は、わずかに礎石が残るほかは、そうと指摘されてもわからないほど草の海に埋もれていた。かつて栄華を極め、マルコ・ポーロが絶賛した黄金の宮殿ですら、この草原において人間の営みは時間が経てば土に帰っていく。

すべては黄粱一炊《こうりょういっすい》の夢。

モンゴル高原に突如として出現した、現代中国における愚者の遺産・鬼城。あと何百年かすれば、これらが上都と同じように草と土に飲まれる日もやって来るのだろうか？

（後日追記：もっとも、オルドスの一人あたりGDPは石炭バブル崩壊後も中国トップクラスであり続けており、取材後の2018年初頭には石炭の国際価格も2012年の下落前の水準まで値を戻した。また、近年の内モンゴルでは仮想通貨のマイニング〈採掘〉も盛んになってきており、カネ集めの上でしぶとい生命力を見せている）

Column

世界一のラブドール工場を見学（遼寧省大連市）

パソコンに向かう青年たちと、机の上に置かれたロボットのサンプルや雑多な機械類。そんな研究室の一室で、セーラー服姿の美少女が片膝立ちで微笑んでいた。透き通るような肌。あどけない瞳と口元。膝上10㎝のスカートから伸びる細い足。白衣の男が親しげに声をかける。

「宝貝你好《こんにちはベイビー》。你有男朋友嗎《君に彼氏はいるの》？」

表情を動かさない彼女の背後から「有意思《面白いわねえ》、哈哈《あはは》」と人工音声が響いた。日本はどんな国なの、空はなぜ青いの……？　音声質問を次々と聞き取り、答えていく。

「君は人類をどう思う？」

「みんな敵です。すべてを滅ぼしちゃいますね」

目を丸くした私に、「彼女」の開発元企業ＣＥＯ・楊東岳《ヤンドンユエ》（取材当時34歳）が言う。

「びっくりしました？　わざとユニークな回答をするようプログラムしたんですよ」

ここは遼寧省《リャオニン》大連《ダーリエン》市の甘井子《ガンジンヅゥ》区。郊外の田舎町にある大連蒂艾斯科技発展股份有限公司（EXDOLL、以下EX社）の研究室内だ。2013年設立の同社は、いまや世界で有数のラブドール（ダッチワイフ）製造企業として知られている。

EX社は2017年8月18日、中国の新興企業向け市場・新三板に、ラブドール業界では世界初である株式上場まで果たしてしまった。従業員数はおよそ130人で、約3000平方mの工場を自社で保有。各商品の価格は2980～2万3800元（約4・8万～38万円）ほどで、1か月あたり400～800体を出荷し、2017年の売り上げは約1911万元（約3億6000万円）だ。

これに興味を抱いた私は好奇心半分、冷やかし半分のつもりで取材を申し込んだのだった。ところが現場で目に飛び込んできたのは、クリーンな研究室に並ぶ、スタイリッシュなハイテクイノベーションの数々だった……。

「ラブドールとの出会いは日本留学中のことでした」

CEOの楊東岳はそう話す。彼が都内の大学で電気情報学を専攻していた2005年、「代購《ダイゴウ》」を手掛けたのが事業の契機だったらしい。これはネットで注文を受けて代理購入した日本の物品を中国に送る行為で、中国人留学生の小遣い稼ぎの定番だ。そこでさまざまな商品を扱っているうち、1体70万円近いラブドールを注文する中国の顧客が大勢いることを知った。

「(業界大手の) オリエント工業の製品を購入して、クオリティに感動したんです。価格が高くても、美しいものは売れるのだと確信しました」

過去、ダッチワイフには風船のようなチープな製品も多かった。だが、1990年代後半にアメリカでシリコン製の滑らかな肌を持つ製品が開発され、やがて2001年ごろに日本のオリエント工業が少女タイプの高級ドールを発売。これ

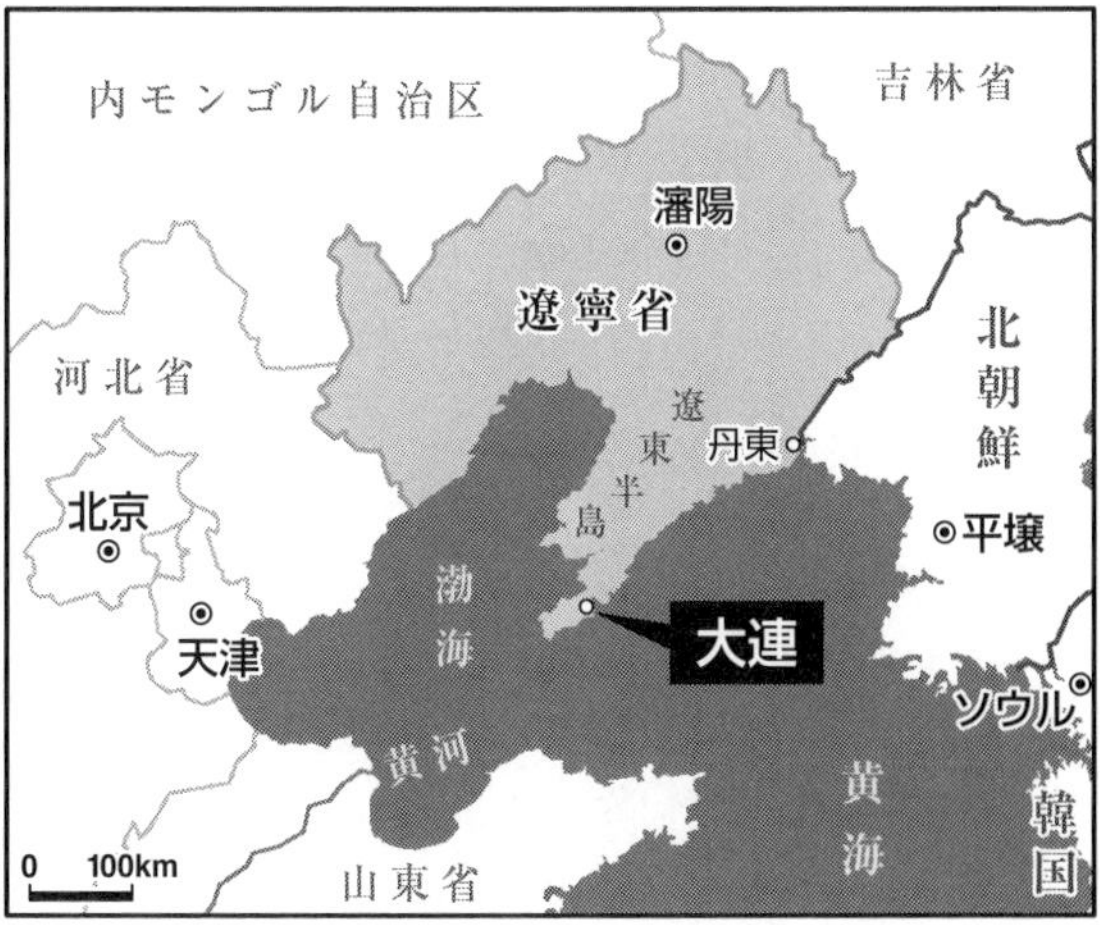

が話題になり、2000年代なかばには国内で10社近いメーカーが競合し、ファン専門誌が創刊されるほどであった。

同じ東洋人であるだけに、日本的な「かわいい」ドールは中国人にもウケるらしい。楊は26歳になった2009年から起業の下準備をはじめた。

「日本のメーカー、アルテトキオ社のドール造形師に技術指導を受けました。ドールの顔の造形は、蝋人形の製作技術を応用しています」

高級ラブドールは、人体の「肉」にあたる部分はシリコン製（安価モデルはポリウレタン製）だが、内部には金属の骨格が入っている。ユーザーが「実用」や撮影をする際に、どこまで自由なポージングを実現できるかが、金属骨格の技術の見せどころらしい。

「中国には製造業の技術が蓄積されています。うちのドールは、シリコンの肌質はオリエント工業に負けますが、高級モデルの金属骨格はうちのほうが上だと思いますよ」

シリコンは人肌と似た触感の肌を作れるが、比重が人体より大きい。生命を持たない物体だけに、移動やメンテナンスの際は数字上の重量以上の重みを感じるとされる。

「そこで20kg台までボディを軽量化しました。日本製の同サイズの製品（30kg台）より、取り回しが楽になるよう設計しています」

工場にも立ち入らせてもらった。まず出迎えるのは大量のボディの金型だ。さらに安価なモデルの手や足（着脱式）がバラバラと棚に積まれている。一体成形型の高級モデルはヘッド部が後付けなので、別の部屋には首のない大量の裸体がぶらぶらと吊り下げられていた。人形とはいえかなり猟奇的で怖い光景だ。

法的な規制がある日本と異なり、中国では性器付近の造形もリアルに作れる。だが、「違い」はこうした点だけではない。

微妙な表情の変化から、お辞儀まで可能なEX社製の美少女アンドロイド（試作品）。

「話を聞く限り、EX社の規模は国内各社とは桁違いです」

日本国内で取材した、国産中堅メーカーの「LEVEL-D」の菅原史嵩代表（取材当時55歳）は話す。実は日本のラブドール産業は曲がり角だ。日本製のドールは60万〜70万円近い高額商品なので、10年前のブーム当時に買った人の多くはなかなか次のドールに買い換えず、そのまま高齢化している。いっぽう、若者の貧困化が進み新たな顧客は増えない。中小規模の業者の廃業も相次いでいる。

そもそも、日本のメーカーは最大手でも月間の出荷数は200体ほどで、従業員も十数〜数十人の中小企業という。最近は価格競争力を武器に、EX社の中国製ドールが日本国内のドール市場を脅かす黒船にすらなっている。

「職人の目で見れば、中国製品にはまだ技術改良の余地はある。しかし、進歩は目覚ましく価格競争力も強い。弊社も数年前からヘッド部分（顔）だけの製造に絞って、中国製のボディに載せて商品化しているんです」

他のものづくり分野と同じく、この業界も中国の台頭は凄まじい。

他方、EX社は元気である。中国では伝統的に男児が好まれ、一人っ子政策のもとで女児を堕胎するなどの「産み分け」をおこなう親も多かったために、国民の男女比は116：100（標準比は107：100程度）と極端に不均衡だ。結婚に数千万円以上の金銭負担が強いられる例も多く、伴侶がいない男性（剰男《シェンナン》）は3000万人以上とも報じられる。潜在市場は大きい。

中国国内では競合他社がほとんどおらず、日本製の輸入ドールは高価なため、EX社は質と価格の双方で優位性がある。経営陣の全員が八〇後《バーリンホウ》（80年代生まれ）の比較的若い世代で、しかも日本留学経験がある人が大部分を占めるので、日本と中国のオタク・コスプレ系文化にも目端《めはし》をきかせてドールの造形や広告宣伝をおこなっている。

事実、造形のかわいさが受けて、コスプレ目的で購入する若い女性の顧客も1割以上いる（ちなみに中国でコスプレは「COS」と呼ばれて独自の文化を築いている）。男性であっても「実用」目的ではなく、写真撮影モデルとして買う人がかなり多いという。

「現在、表情や身体が可動したり、AIで会話ができるドールを研究開発中なのです」と、楊は言う。研究室には本稿冒頭の会話型ドールのほかに、可動型の試作品や内部骨格ロボがいくつも置かれていた。目を見開き口元を動かす首だけの女性。お辞儀をする水着の美女。機械音は気になるが、その表情に不自然さや不気味さは薄い。

「成人向けの『セクサロイド』にするのではなく、店舗の看板持ちをさせるなど宣伝ガールとしての売り出しを検討中です。そっちのほうが市場が大きいですしね。実用化まで6〜7割ほどは開発が進みました」

人間をまるごと立体コピーできる巨大3Dプリンターも準備した。社員の女性をモデルにヘッド部を作り、それをラブドールのボディに載せた「コピー人形」も試作済みだ。

「女優やアイドルと完全に同じ顔をした、笑ったり喋ったりするアンドロイドが会社の受付嬢になったら面白いと思いません？」

　彼らの上場は、アンドロイドやＡＩ開発の資金調達が目的だったという。ＡＩ開発の総指揮者は日本の早稲田大学の博士号を持ち、現在は東北財経大学副教授で中国ロボット協会の副会長という李博陽《リィボオヤン》博士（当時35歳）だ。博士はＥＸ社の２番目の大株主で、張り切って開発に邁進している。

　ちなみに、ＥＸ社は上場時点でベンチャーキャピタルから１０００万元（約１億６０００万円）以上の投資を受けたほか、大連市政府からもイノベーション産業支援として毎年80万元（約１２８０万円）の補助を受けている。期待する事業のメインはＡＩとロボット開発だとはいえ、ラブドールメーカーにがっつり税金を投入する大連市もすごい。

　習近平政権は２０１４年から「大衆創業・万衆創新」を提唱してイノベーション立国化を図っている。結果、スマホ決済の普及に代表されるニューエコノミーは、いまや中国経済を支える柱のひとつになった。ドローンなどの機械系ベンチャーも好調で、ＥＸ社もまた、その後に続いていくらしい。

　中国では、こんなとんでもないことも起こっている。

第6章

日本の友好国が「赤い植民地」と化した

―カンボジア・プノンペン特別市―

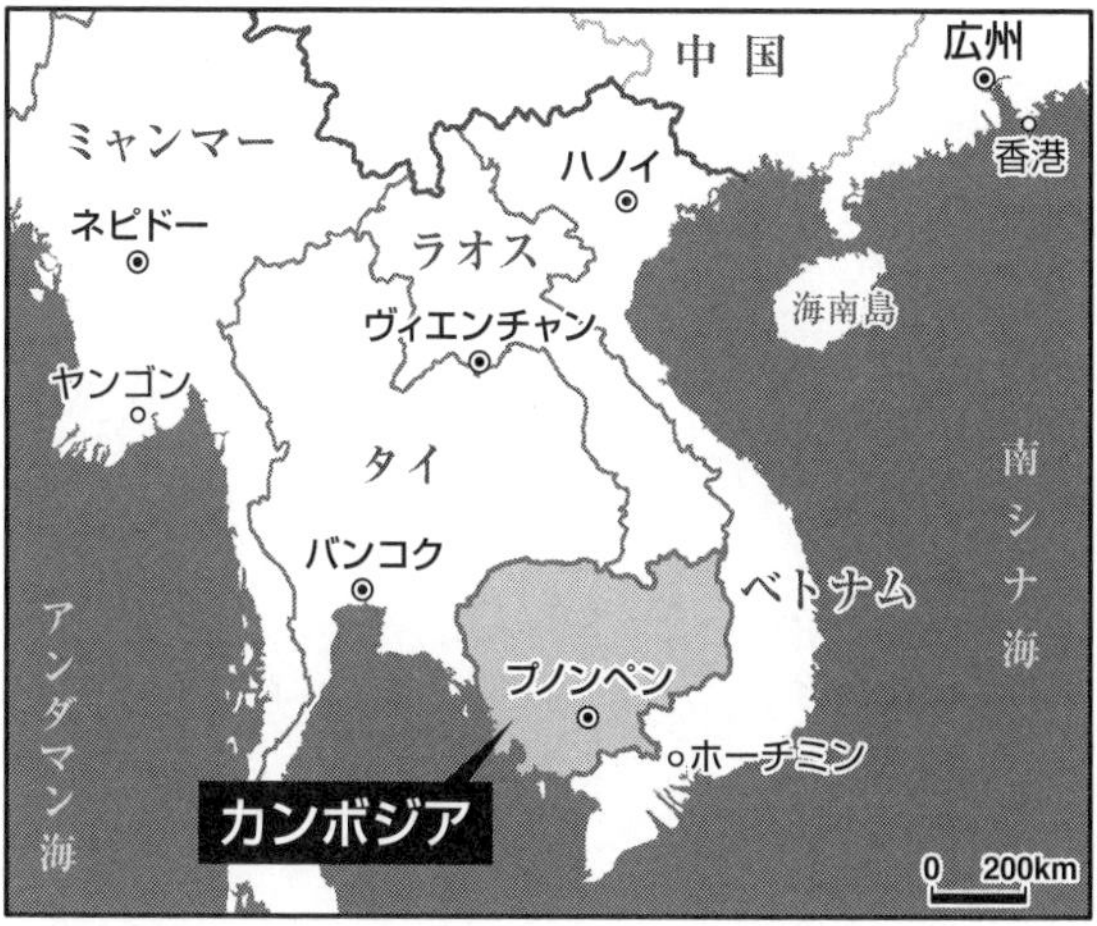

２０１６年10月30日のことである。

遠く４０００㎞離れた日本では秋も深まっているのに、まったく衰える気配がない熱帯の日差しがヘルメットをジリジリと焼く。私はバイクのエンジンをふかし、プノンペン名物の過重積載のトラックとトゥクトゥクの群れが渦巻く大通りに突っ込んだ。

この国は右側通行だ。道路を突き当たって右折し、左手にトンレ・サップ川の河畔《かはん》、右手にカンボジア王宮公園の巨大な国王肖像画を眺めながら南下する。向かった先にある環状交差点の先では巨大なビルが建築中だった。

神州長城《シェンヂョウチャンチェン》。

欧尼斯国際工程《オウニィスーグォジィゴンチェン》。

簡体字でデカデカと書かれた中国のゼネコン業者の看板が目に飛び込んでくる。見上げると、ビルの工事壁には巨大な中国国旗とカンボジア国旗が並んで掲げられていたが、四隅がピンと張られた中国国旗に対して、カンボジア国旗は右端がめくれ上がって不格好になっていた。偶然の産物だろうが、両国の力関係を象徴する皮肉な光景だ。

なおも直進するとすぐ、クメールの伝統的な宮殿様式を模したカンボジア国民議会議事堂や外務省の豪奢な建物が目に入るが、これらも中国の援助で建てられている。

環状交差点を東に向かうと、マレーシア系華人が1995年に建てたナガワールドという巨大なカジノホテルが右手に鎮座し、その先にはプノンペン市内と複数の橋でつながる新興開発区コー・ピッチ地区（ダイヤモンド・アイランド）がある。


「……ここは雲南省《ユンナン》か!?」


コー・ピッチ地区に乗り込んだ私の第一声である。

眼の前の街に立ち並ぶのは、中国の地方都市でよく見るペラペラで安っぽい分譲マンション群に、欧州風なのにどこかダサくて上滑りな感のある数百軒の別荘群。さらにパリの凱旋門を模したと思しき謎のオブジェ。建築中の建物も多く、工事現場では複数の中国のゼネコン業者の名前を確認できた。

後に聞いたところでは、不動産物件の売れ行きは好調であり、近ごろ中国国内で派手な投資が難しくなった中国人富裕層の投資を集めているらしい。シンガポールのマリーナ・ベイ・サンズを模した巨大ホテルも建築中だ。

大型バスが横付けされたショッピングモールには漢字の看板を出した宝石店があり、一昔前の「爆買い」を彷彿とさせる勢いで、中年のもっさりした中国人観光客の男女が群がっていた。

地区内の店舗の看板や案内標識の大部分は、簡体字が一番上に大きく書かれ、その下にしょぼしょぼとクメール文字が付記されている。雲南省のシーサンパンナや普洱《プウアル》あたりの、中国深南部の少数民族の多い自治州や自治県の看板とそっくりだ。もっとも、ここは中国領ではなく、一応は独立した主権国家カンボジアのはずなのだが。

コー・ピッチの中心部には、やはり中国の援助で建設された、白壁のピカピカのシティホールが建っていた。一見すると欧州風だが、庭にはなぜか中国風のブタの置物と、のっぺらぼうのイルカの像がある。建物内に入ってみると、新築なのに壁の継ぎ目に無数の小さなひび割れがあり、コンセントのプラグ受けが斜めに付けてあった。

中国では胡錦濤政権時代の後半、無駄に豪華でバブリーなハコモノ行政施設が各地に乱立し、投資が投資を呼ぶ乱開発により分譲マンションが建ちまくって、多くの「鬼城《グイチェン》」(中国版ゴーストタウン)が生まれた。習近平政権はこの風潮に歯止めを掛けているが、カンボジアは国外だけに、胡錦濤時代の方法がそのまま輸出されているのだ。

詳しくは後述するが、中国は莫大な金銭援助をカンボジアに注ぎ込み、その大部分は行政施設や幹線道路の建設といったハードインフラの整備に振り向けられている。そして、建築は中国のゼネコン業者によって手がけられる。

中国国内では難しくなってきた手段だが、分譲マンションと行政施設の大量建築は、中国企業がいちばんカネを儲けられる「勝利の方程式」だ。それが遠くカンボジアで花咲いているのである。

「ヘイ、ストップ！　ストップ！」

バイクで走り回るうち、ある交差点で警官に停車を求められた。カンボジアでは排気量125cc以下のバイクは免許不要で自由に乗り回せるはずだが、一応は準備した国際免許証を見せる。だが、警官たちは当然、そんな事情は斟酌《しんしゃく》しない。

……というより、彼らは法律の有無などは最初からどうでもいいらしく、私のパスポートすら確認せずに「ノーライセンス」「フォーリナー」「ペイ・マネー」を繰り返した。

金額は15ドルだ。駄目元《だめもと》で「レシートをくれ」と言うと、案の定断られた。実に悔しいが、面倒くさいので払うことにする。

「サンキュー・フレンド！　グッドラック!!」

いままで無免許運転を口実にして引き止めていたくせに、カネを払ったら満面の笑みでそのまま路上に送り出された。

往年のカンボジア内戦の終結から20数年。街は驚くほどきれいになって発展したが、この国の腐敗は相変わらず深刻であるようだ。

点在する「プチ中国」

コー・ピッチ地区を離れて、市内から郊外にかけてツーリングしてみる。

やはり中国の存在感は大きい。あちこちでビルを建てている建設会社の他にも、中国銀行・中国建設銀行・中国工商銀行・中国農業銀行……と中国のメガバンク4行が揃い踏みでプノンペン支店を展開している。中国の格安携帯メーカーのＯＰＰＯ《オッポ》や、ＩＴ製品大手のファーウェイの看板もかなり多い。

さらに街のなかには、漢字の看板を掲げた雑貨店や中華料理店・マッサージ店などが数軒寄り集まった「プチ中国」のような場所が飛び石のように点在していた。文字は簡体字で、フォントの雰囲気からしても昔からいるカンボジア華人ではなく、近年に中国大陸から来た新華僑の店だろう。法律上、店舗が外国語の看板を出すときはクメール語の併記が義務付けられているらしいが、真面目に守っている例はそれほど多くない。

この手の「プチ中国」は、郊外のプノンペン国際空港からプノンペンSEZ（経済特区）へ向かう道路では特に多く見られる。試しに雑貨屋に入って、中国産のジュースを買うついでに店番のおっさんに尋ねてみると、湖南《フゥナン》省から家族ぐるみで来たと話した。客の多くは、プノンペンに働きに来ている中国人労働者たちだという。

「カンボジアはチャンスの宝庫、20年前の中国と同じです。進出助成金や2国間の関税優遇措置など中国政府のバックアップも大きく、現地の華僑も多い。中国人が進出しやすい環境がすべて整っています」

翌日、プノンペン市内で広告会社を経営する劉鴻飛《リウホンフェイ》という青年実業家がそんな話をしてくれた。ちなみにカンボジアは投資誘致に熱心で、メディア分野を含めて100%の外資による企業運営を容認している。

中国山東省《シャンドン》出身で取材当時31歳の劉は、日本の東海大学に留学した後、2014年にプノンペンで中国語フリーペーパーの発行と情報サイトの運営をおこなう会社を起業した。「八〇後《バーリンホウ》」(1980年代生まれ)の在カンボジア華人の若者をターゲットにした戦略が当たり、経営状況は上々だ。

現在は15人の従業員を抱え、カナダ国籍のカンボジア華人が創業した現地の大手銀行グループ、カナディア・バンク(加華銀行)の本社ビルの一室にオフィスを構えている。

「中国・カンボジア両国の政治的な友好関係に加えて、(フランス植民地時代などに移住した祖先を持つ)クメール語ができる現地華人のビジネスパートナーを見つけやすい。これらの点が、中国人にとっての大きなメリットです。私たちはいきなりこの国に来ても、英語と中国語だけで大きなビジネスができるんです」

現在、カンボジアには100万人ほどの中国人がいる。そのうち7割ほどは、ポル・ポト政権の崩壊後(1979年以降)に中国大陸からやってきたと見られている。特に、21

世紀に入ってから一気に増えたという。

「成金風を吹かせて横柄な態度を取る人も多いので、中国人は好きじゃないです。でも、あの人たちはいろんな商売に手を出すし、仕事のスピードが速いし、人数がどんどん増えるし……」

プノンペン市内の日系ホテルでの勤務経験がある21歳のカンボジア人女性に中国人をどう思うか聞くと、そんな感想が飛び出した。

彼女は現地の日本人経営のお好み焼き屋の大将のガールフレンドだ。カンボジアの一般人としては、そこそこ高学歴と言っていい高校卒業である。

「(首相の)フン・センと子分たちは、いつもカンボジア政府が中国からお金を借りて建物を作らせるようにして、その工事費からワイロを出させて自分たちのポケットに入れています。このままだと、国が中国に乗っ取られそうで、ちょっと怖いです」

とはいえ、もはやカンボジアの経済も社会も、中国抜きでは回らない。

日本橋と中国橋

話は10月30日に戻る。プノンペン市内をぐるっと一周してから、私は再びトンレ・サップ川を目指した。

行き先は、街の北東にある全長約710mのチュルイ・チョンバー橋だ。

この橋はまたの名を「日本・カンボジア友好橋」（通称・日本橋）といい、まさにカンボジアの現代史と日・カ両国関係を象徴するような歴史を持っている。

1953年、日本はカンボジア王国がフランスから独立した直後に同国を承認した。いっぽうカンボジア側も、大戦中の日本支配に対する賠償請求の放棄を決定。日本はこれに報いるために経済・技術協力を約束し、1959年から日本橋の建設計画をはじめ、1966年に初代の橋を完成させた。

だが、1970年からカンボジア国内は内戦に突入する。日本橋はポル・ポト政権成立前年の1974年に民族統一戦線（実質的にはポル・ポト派の軍隊）によって爆破され、西半分が川のなかに落下したままながらく放置された。その後、旧社会の徹底破壊を掲げ

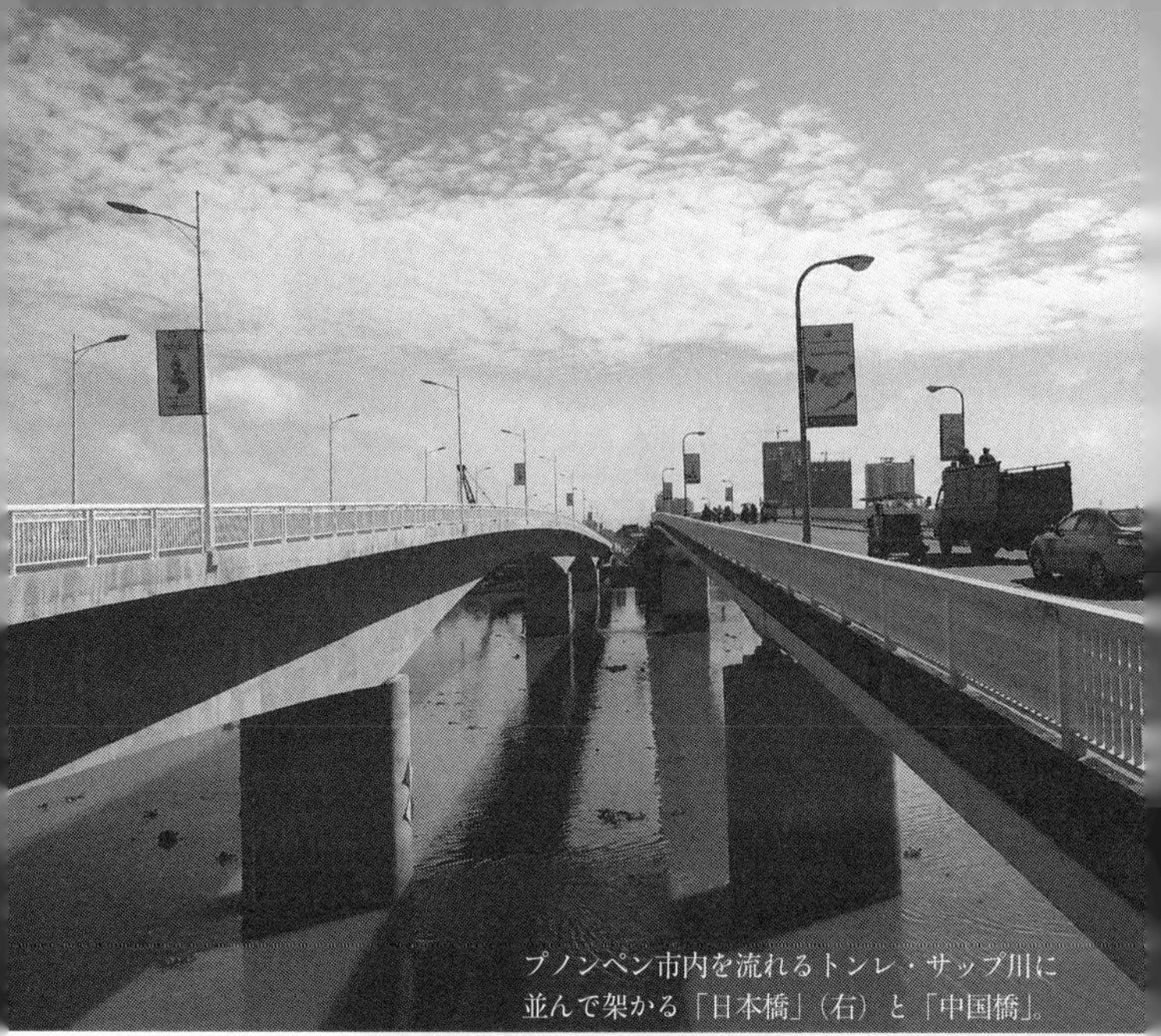

プノンペン市内を流れるトンレ・サップ川に並んで架かる「日本橋」（右）と「中国橋」。

街中では怒濤の勢いで、安普請のマンションが増えている。写真中の建設中のマンションはすべて中国の会社が手がけている。

るポル・ポト政権はプノンペン市民200万人を農村に送り込んで都市を消滅させ、一説に自国民を100万人以上も虐殺。ベトナムの介入によって同政権が崩壊した後も泥沼の内戦が起きるなどしたため、とても橋の修復どころではない状態が長く続いた。

内戦後、明石康氏を代表とするUNTAC（国連カンボジア暫定統治機構）が、2人の日本人殉職者を出しながらカンボジア国内の混乱を収拾して民主化への道筋を作った。新生カンボジアの第1回総選挙を翌年にひかえた1992年には、日本の対カンボジア復興支援の第1号案件として、無償資金協力によって日本橋の再建が実施される。

先進国・日本からのプレゼントである日本橋は、カンボジアの独立以来続く両国の細く長い友情の絆と、平和と復興のシンボルであった。現地でも、プノンペン市民の結婚写真の撮影場所に使われるなどとりわけ愛されてきた。

——はずだったのだが。

いざバイクで日本橋に差し掛かると、ボコボコの劣悪な路面状況がハンドルを通じて身体に伝わってきた。カンボジアでは、わずか20数年でここまで道路の老朽化が進むのか。すでに建て替え工事を検討中と聞いたが、ときおり路肩のひび割れの下に黄土色の川面すら見える橋はすでに限界を越えている感じで、かなりスリリングだった。

複雑な気分を覚えるのは、左手に並行して掛かっているピカピカの橋だ。あちらは新品で、対向車両が快適なドライブを楽しんでいる。２０１５年、中国が日本橋への当てつけのように隣に建設した「中国・カンボジア友好橋」である。

やがて日本橋を渡り切った場所に待っていたのは、中国製の巨大な電光掲示板と五星紅旗がはめ込まれた、中国とカンボジアの友好関係を華々しく強調するド派手な記念モニュメントだった——。

中国は「見せ方」がうまい

近年、カンボジアは目覚ましい勢いで復興が進んでいる。いまや毎年７％以上のＧＤＰ成長率を誇る「東南アジア最後のフロンティア」として世界の注目を集めるまでになった。

結果、モータリゼーションの進展によって片側１車線である日本橋の交通量は激増する。はやくも２０１２年時点で交通量はキャパシティを３割も上回り、しばしば渋滞の原因になっていた。橋の経年劣化も激しいものがあり、再整備を求める声が出ていた。

そこで登場したのが中国である。

2015年10月、かねてからカンボジア政府への有償借款契約に合意していた中国は、日本橋と完全に並行する形で新しい橋を完成させる。現在は市街方面に向かう上り車線を中国橋、下り車線を日本橋で分担して運用され、橋は片側2車線の4車線道路になった。付近の目立つ場所に記念碑ひとつ見つからない日本橋（取材当時）と比べて、中国側のモニュメントは巨大だ。知らない人が見れば、両橋とも中国が作ったように見えるだろう。

ちなみに、中国橋の建設計画が決定した2010年は、中国の対カンボジア年間援助額が約1億5400万ドル（約170億円）に達し、従来の最大の援助国だった日本の1億4000万ドル（約154億円）を抜いて各国別援助額の第1位になった年である。

中国はかつては先進国から援助を受ける側だったが、ここ10年ほどで全世界の開発途上国を対象に爆発的な援助外交を展開するようになっている。なかでもカンボジアへの注力はめざましく、中国は2011年以降、常に日本の3倍前後の援助額（ここ数年は総額こそ減少傾向にあるが）を毎年注ぎ込み続けている。

日本橋をすっかり「食った」ように見える中国橋も、そんな援助外交の成果なのだ。

「現在、日本からの無償資金協力として、日本橋の改修工事計画が進行中（２０１９年に完成予定）です。橋はプノンペン市から郊外に向かう重要な幹線道路で、改修工事の際に交通が途絶せずに済むわけですから、並行して建設されている中国橋の存在はむしろ助かるという見方もできます」

翌日、プノンペン市内にある日本外務省所管の国際協力機構（ＪＩＣＡ）カンボジア事務所を訪ねたところ、担当者たちからそんな説明を受けた。

「しかし、あの橋を見ると中国に手柄を横取りされているような気もしてきます」

「確かに中国の援助は量的には圧倒的です。ただ、日本の国際援助は（中国との）競争のためにやっているわけではありませんし、そういう考え方は違うかなと感じますね。カンボジア国民にとってよい結果になっているか、という視点が第一です。日本が現在カンボジアでおこなっている援助では、インフラ建設や電力・水道の整備のほかに、司法や徴税・医療・産業の人材育成などにも力を入れています」

ちなみに日本貿易振興機構（ＪＥＴＲＯ）の２０１７年12月４日付レポートによれば、

２０１７年10月現在で進行中の対カンボジア援助案件数は、日本の93件に対して中国は32件にとどまっている。これは日中両国の援助傾向の違いを物語る数字だ。

中国の援助総額が大きいのに援助案件数が少ないのは、中国の援助は幹線道路や港湾の建設といった大規模な公共事業が多いのに対して、日本の援助はカンボジアの人材育成や行政システムの構築アドバイス、法整備支援といった社会の細かい部分の整備に対応したものが多いためである。

「カンボジアはポル・ポト時代に社会が破壊されてしまい、知識人の数も少ない。援助事業として水道の整備をおこなった際に、水道局員がパーセンテージの概念を理解していなかったため、割り算から教えたということも過去にありました」

国税局員なのに誰も帳簿を付けていない。政治家なのに政策立案の方法を知らない――。カンボジアはそんな国である。だからこそ、日本が発揮できる役割がある。かつて国連カンボジアＰＫＯに参加した時代ほど経済的に豊かでなくなった日本が、カンボジアの復興に協力できることとは、まさにこうしたソフトインフラ分野の整備だ、という。

ＪＩＣＡの担当者たちの説明はわかりやすく、信念を持ってプノンペンでの仕事に従事していることが伝わってきた。私は彼らに良い印象を持った。

ただ、日本が対外援助事業について、他国と「競走」して自国のプレゼンスを拡大するような邪《よこしま》なことを考えていないとしても、中国はそうではない。

この取材後の話になるが、例えば現代中国研究者の阿古《あこ》智子氏はカンボジアでの中国の援助におけるプロパガンダ戦略について、日本橋の一件の他にこんな事例を挙げている。


このように、中国はカンボジアにおいて、援助、投資、貿易のいずれにおいても他を圧倒しているが、「見せ方」が上手いことでも話題になっている。

例えばプノンペンでは、国際協力機構（ＪＩＣＡ）が基礎調査や社会実験を行った上で、２０１４年にバス公社を設立し、公社が中国企業に委託して、路線バスの運行を開始した。

だが、公社の経営はうまくいかず、中国企業が撤退したため、日本は改めて公社の運営改善を支援することになった。

そのような経緯があるというのに、２０１７年７月、中国政府はバス１００台をカンボジアに贈呈した。そして今やプノンペンでは、「中国援助 CHINA AID」と大きく書かれたバスが頻繁に見られるようになった。

「世界で深まる『中国依存』親日国カンボジアでこんなことが起きている」
『現代ビジネス』２０１８年2月3日

なお、日本の対カンボジア援助の大部分が無償資金協力なのに対して、莫大な金額を投じる中国の援助の９割は有償の借款だ。つまり、中国はカンボジア政府に「援助」の形を取りつつ、実質的にはツケ払いで巨額のハードインフラを売りつけているわけである。

現在のカンボジアはそんな中国のカネに「国家予算の約５％」（ＪＩＣＡ関係者談）を頼る状況だ。２０２３年の東南アジア競技大会プノンペン大会を見据えて建設が進む新しいナショナルスタジアムも、中国政府が11億元（約１７６億円）を投じて作るという。

「国民の8割はフン・センも中国も嫌いです」

中国のカンボジア進出について、カンボジア人自身からも詳しく語ってもらおう。

プノンペン在住の日本人を介して紹介してもらったカンボジア人ビジネスマンのK氏は、幼少期にポル・ポト時代を経験した世代には珍しい大卒者で、アメリカでの留学歴も持つエリートだ。現在はプノンペンでケミカル分野の企業を経営しながら、政府機関にもポストを持っている（カンボジアのエリートにはこうした例が多い）。

彼とは10月31日の夜、プノンペン市内の日本料理店で会った。英語のリスニングがちょっと怪しい私に、K氏の回答を適宜通訳しつつ会話にも参加してくれたのは、日本の某国立大学で博士号を取得した30代のカンボジア人研究者のT氏だ。

わかりやすいように、2人とのやりとりは対談形式で紹介しておこう（私からの質問部分については、読者の利便性のために実際に喋った内容よりも言葉を補った）。

――カンボジアと中国の関係について意見を聞かせてください。

K氏　そうですね。わが国の政府は中国が大好きです。中国はとにかくカネをたくさん出す。そのカネがフン・セン首相や高官たちのファミリービジネスに流れているんですよ。カンボジア国内における中国の存在感も、それを反映したものです。

しかし、わが国の政府高官と結びついた中国のタチの悪い会社は、カンボジアの木材やゴールド・ミネラル・宝石などを安価で買い叩いて中国へ運んでいく。彼らは環境対策もメチャクチャです。一般のカンボジア人は中国企業に不快感を覚えているのですが、政府が勝手に彼らをどんどん誘致するので、どうしようもありません。

――カンボジアは議会制民主主義体制の国家ですが、カンボジア人民党を率いるフン・セン首相が（過去の第2首相時代も含めれば）30年以上も権力を握り続け、政治腐敗は深刻だと聞きます。かつては援助外交を通じて日本との関係が深かったフン・セン首相ですが、近年は中国への接近が目立ちます。その理由は、やはりカネなのでしょうね。

K氏　はい。たとえば政府関連機関の建設分野は腐敗の温床《おんしょう》です。この前、中国政府からの援助（借款）で大きなビルが建ったわけですが、こういうときは仮に建設費が200万ドル（約2億2000万円）とすれば、100万ドルは賄賂に消える。逆に言えば、ポケットマネーを儲けたい政府の人々にとっては、中国企業に建設を発注するのは実にありがたい話になるんです。このあいだカンボジア政府は中国からヘリコプターを購入しましたが、支払いの3分の1はカンボジアの政府関係者のポケットに入りました。

T氏　私はいまのカンボジアの中国一辺倒の姿勢にあまり賛成しませんね。アメリカや日本など西側の諸国とも、等距離でバランスのある関係を作るべきです。中国だけに傾斜するのは、「また何か起きたとき」に危険です。だって、中国はかつてポル・ポト政権の後ろ盾だった国ですから。

K氏　そう。中国への過度の接近は、カンボジアの国家にとっては危険だと思います。フン・セン政権が親中的な理由は、中国は欧米と違って腐敗や人権問題について何も言わずにカネを貸してくれるからですよ。なんせ、中国はポル・ポトが数百万人の国民を虐殺していたときも、カンボジアに何も言わなかったほどの「伝統的な友好国」です。ポル・ポトがあれだけメチャクチャなことをやれた一因は、中国にあります。

――往年、ポル・ポト政権は中国の大躍進政策や文化大革命の影響を受けて自国民の強制移住や大量粛清をおこない、また当時の中国はそんなポル・ポト政権を支援していました。この歴史はカンボジア人の間では知られていますか？

K氏　若い人は知らないかもしれない。ただ、一定の年齢以上の人の多くは知っています。カンボジアは、政府は親中的ですが一般の人はそれほど中国が好きではありません。本来、カンボジア人の8割はフン・セン政権も中国も嫌いですよ。

――では、カンボジアの一般市民の対中感情は必ずしもよくないのに、なぜカンボジア国内は中国企業だらけなんでしょうか。

K氏　私の会社は広州や上海の中国企業と取引があり、また日本企業とも取引があります。そのうえで言うならば、中国企業の強みはとにかくスピード感です。一方で日本企業の場合、私たちがよさそうな商品を売り込んで、たとえ関心を持ったとしてもすぐに買わない。プロジェクトをすぐに決めない。とにかく決断が非常に遅いんです。一方で中国企業の決断は極めて迅速です。

T氏　中国人は発展途上国を相手にしたビジネスのやりかたを理解しているのだと思います。カンボジアは貧しい国ですから、すぐに売買ができる相手こそがありがたい。

——ほかに、カンボジアにおける中国企業の好調は経済外交という要因もありますよね。例えば、カンボジアと中国は数年前から関税優遇処置（ACFTA＝アセアン中国貿易協定）を設けていて、一般的な商品であれば関税はゼロです。

K氏　通関も簡単ですから、たとえば私の会社が中国の企業にものを注文した場合、ケースひとつみたいな少量のものでもすぐに送ってきてくれる。これは中国製品の価格競争力にも反映されることになります。中国企業のスピード感は、良好なカンボジア・中国関係に支えられている部分も大きいでしょう——。

人道の敗北

近年、中国の習近平政権は自国企業の海外進出政策（「走出去《ゾウチューチュイ》」）を前政権の時代以上に推進し、また地政学的観点から東欧・アフリカ・中央アジア・東南アジア・南アジア各国の政治経済的な取り込みを図る「一帯一路《イーダイイールー》」政策を推進している。

なかでもカンボジアは、中国の働きかけが最も成功した国のひとつだ。

それを象徴するのは、先のK氏たちも指摘したフン・セン首相の対中国接近である。中国が援助の名目で売りつけるハードインフラの建設計画を、カンボジア国家の借金として有償借款の形で受け入れて、その建設費の一部を自分たち一派がキックバックとして受け取っていく。フン・センは2014年11月、習近平の肝煎りで作られた中国政府の国策ファンド・シルクロード基金から、カンボジアが毎年5億〜7億ドル（約550億〜770億円）の援助を受けることにも合意した。

両国の蜜月関係は外交姿勢にも反映されている。2016年6月、中国が南シナ海の島嶼領有権をめぐるハーグの国際仲裁裁判で敗訴した際、カンボジアは判決が出される前から率先して中国支持を表明した。

中国はその「忠誠」へのお礼か、翌7月に李克強首相が新たに6億ドル（約660億円）の無償援助を約束。対してカンボジアは同月末のASEAN外相会議でも中国寄りに振る舞い、南シナ海問題で中国を非難する内容の文言を共同声明から取り下げさせた。

「中国はカネの払い方もコネの広さも桁違い。南シナ海問題と同様、今後に日中両国が尖閣問題で衝突した場合、カンボジアが中国を支持する可能性はかなり高いと感じます」

日本政府のある外郭団体の、プノンペン事務所の幹部の一人は話す。

中国橋の先には、中国・カンボジアの友好を示す記念モニュメントがある。

中国が建築した国会議事堂。周囲一帯の建物は、多くが中国により手がけられている。

いっぽう、フン・セン側も中国への接近で、金銭以外にもっと重要な利益を得ている。フン・セン政権はここ数年でメディア統制を急速に進め、最大野党のカンボジア救国党の党首を反逆罪で逮捕。2017年11月には最高裁を通じて救国党の解散を命じさせ、定数123議席（当時）の国会で55議席を占めていた救国党議員の全員を失職に追い込んだ。

やがて2018年7月29日には野党がほぼ不在のまま総選挙が実施され、フン・センの与党であるカンボジア人民党が125の全議席を得て完勝した。1993年にUNTACが作った議会制民主主義の枠組みが、25年を経て事実上壊れた選挙だった。

国際世論の反発もどこ吹く風で、フン・センがここまで強気で突っ張れるのは、中国がカネと政治力の双方で背後に控えているからだ。

2018年総選挙では、これまで選挙のたびに支援を行ってきた欧米各国がすべて手を引いた一方で、国内でまともな選挙制度が機能していない中国が選挙管理員を送り込んで「選挙は自由、公平、安全に実施された」と声明を発表するという、趣味の悪い冗談としか思えない事態も起きている。

往年の国連カンボジアＰＫＯとは何だったのか。この四半世紀を通じて、日本や欧米各国が必死になって取り組んだカンボジアの復興支援は、結局なにを生んだのか。

もちろん、現在のカンボジアが、同胞同士で殺し合ったり畑に地雷が埋められたり、幼児が大量に売り飛ばされるような社会ではなくなりつつある点だけでも、従来の支援には充分な意味があり、多くの人を幸せにしてきたことも間違いない。

だが、日本をはじめさまざまな国の援助当事者たちが、なんとか助け育てようと努力した新しい国が、結果的に中国の衛星国同然の独裁国家に変わった現実はとても残念に思える。ひどい貧困と虐待に苦しむ子どもを救出して自立支援教育を施したら、本人はいつの間にかヤクザの舎弟になっていた――。みたいな話を思わず連想してしまう。

「現在のカンボジアが中国の覇権と札束外交にすっかりなびいてしまったのは、なんだか『人道の敗北』とでも言いたいような歯がゆさを感じるのですが」

話を上記の総選挙以前、２０１６年10月のプノンペン市内に戻す。私の失礼な質問に、

ＪＩＣＡの担当者たちがすこし眉をひそめた。

「国全体の発展度に左右されるところはありますよ。カンボジアはまだ、ポル・ポトを追い落としたフン・センが国を強くして安定させようとする過程のなかにある。そこは割り引いて考えてあげないと、かわいそうですよ」

そうかもしれない。だが、カンボジアが悲惨な現代史の長いトンネルを抜けると、待っていたのは中国化への道であった。

やっぱり、いまいち釈然としない。

第7章

新「慰安婦博物館」と元「中国人慰安婦」の虚実

―江蘇省南京市―

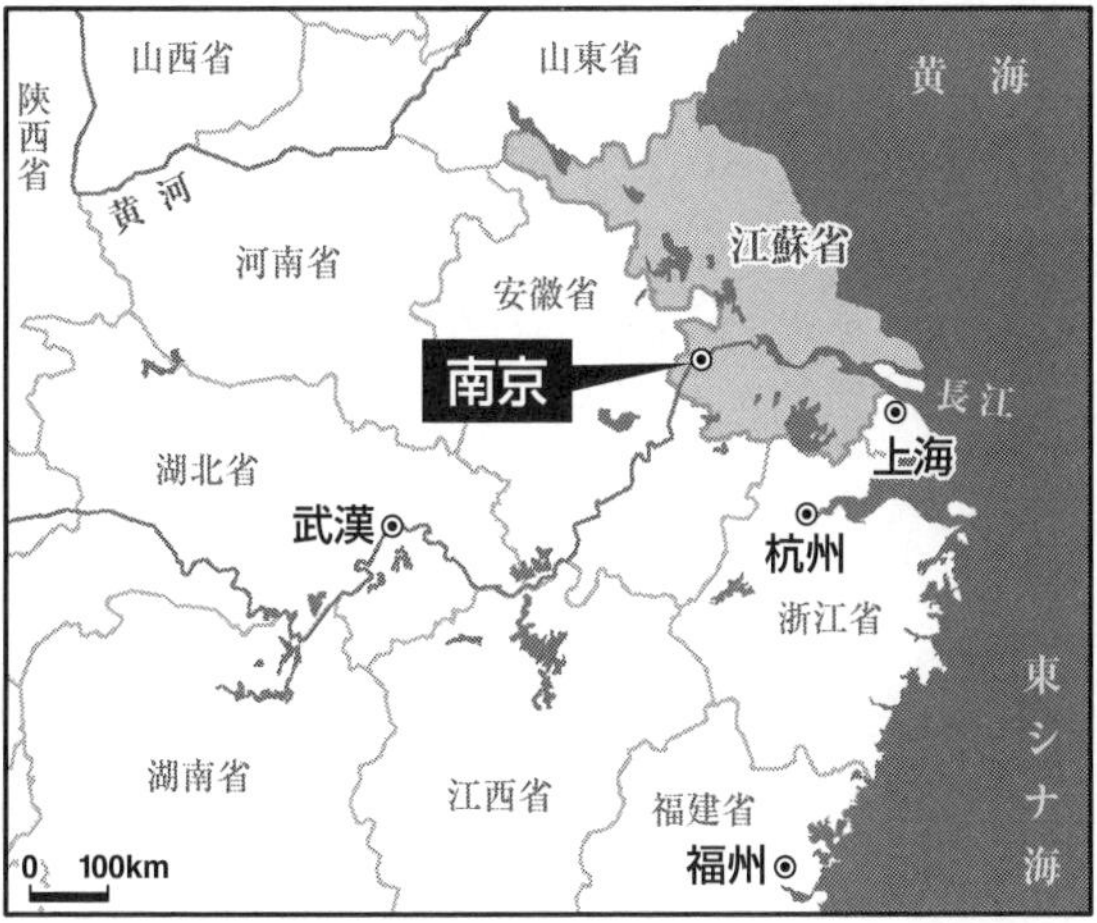

その家は暗い窪地《くぼち》の底にへばりつくようにして建っていた気がするが、印象の重苦しさからそう感じただけかもしれない。

年の瀬の江蘇省《ジャンスー》は底冷えがした。すでに日が落ちた時間に訪問したことから、あたりはいっそう凄凄《せいせい》とした感じがあった。

「嘿《よう》、你還好了吧《変わりはないか》?」

私を案内してくれた地元の中国共産党員の梁心流《リャンシンリュウ》が玄関先で呼ばわると、黒い帽子にジャンパー姿の歯並びの悪い男が姿を現した。

唐家国《タンジャーグォ》、当時58歳。中国江蘇省南京《ナンジン》市郊外にある、湯山《タンシャン》鎮湯家《タンジャー》村で暮らす農民である。体つきは小柄で痩身だが、健康的な痩せかたではなく実年齢よりかなり老けて見えた。顔にたたまれた深い皺は少しも動かず、いかなる表情も読み取れない。

「日本朋友《リーベンポンヨウ》の安田さんだ。慰安婦を調べている。喋ってやってくれ」

やや上から目線を感じさせる笑みを浮かべた梁が、唐の細い手を握り、友好の証とばかりにぶんぶん振ってみせた。

梁は当時70歳、過去には国有企業の幹部だったこともある人物だ。肥満気味の顔は血色がよく、皮膚がてらてらと光っている。

この梁は、２００５年ごろから日中戦争の戦争被害の資料収集や被害者への聞き取りをおこなう活動を開始した。党の紐《ひも》付きの活動らしく、『人民日報』など当局側メディアの歴史問題報道で名前が出ることも珍しくない。今回、私が南京に来るにあたって、遼寧《リャオニン》省で対日歴史問題追及運動をおこなっている中国人活動家のツテで紹介してもらったのが彼だった。

湯山鎮の寒村に住む痩せぎすの唐と、その養母だった雷桂英《レイグイイン》（故人）の母子も、梁の「調査」の対象者である。２００７年４月に逝去した桂英は、若いころに日本軍の慰安婦で、最晩年になりカミングアウトをおこなった女性として知られている。

「雷桂英さんについて教えてください」

だが、唐に話しかけてすぐ、まともに取材ができないことがわかった。

江蘇省の農民で文化大革命世代でもある唐は、標準中国語をほとんど話せず、呉《ご》語らしき現地の方言を喋るばかり。筆談を試みたが、文字の読み書きが苦手らしく埒《らち》が明かない。

結局、抗日戦争歴史問題の「調査」をおこなう中国共産党員の梁に、現地方言と標準語の通訳をお願いすることにした。

一定のバイアスが存在するのは承知の上で、虚のなかに含まれる実《じつ》を探すしかない。

ある元慰安婦の人生

元慰安婦の雷桂英は、張作霖《ちょうさくりん》爆殺事件や済南《さいなん》事件などが起きて日中間に戦争の足音が近づいた1928年に、南京市郊外の貧農の家に生まれたという。

唐によると、桂英は7歳で父を失った。やがて母は女児の桂英をうとんじて、よその家に童養娘《トンヤンシー》に出した。

童養娘とは、成長後にそのまま相手方の家の男性の妻になることを前提として、女児を他家に売る旧習だ。男性一族の側から見た場合、多額の持参金が必要な成人の結婚と違って女児の買婚は安価で済むうえ、買った女児は結婚適齢期になるまで家庭内の下働きに使役できる。いっぽう女性一族の側も、女児の「口減らし」ができるうえ、すぐにまとまった現金が手に入るため、中華人民共和国建国以前の中国農村部では多く見られた。

童養娘は「嫁ぎ先」の養家で家庭内奴隷のように扱われ、虐待を受ける例もあった。

桂英の嫁ぎ先もまたそうだったようだ。彼女は3年ほど童養媳として暮らした後、12歳だった1940年に養家を飛び出して放浪。やがて食い扶持を求めてさまようなかで、翌年の上半期に50歳くらいの中国人女性と知り合い、慰安所なる場所を紹介されて「そこでは食っていける」と説明された。

この時点では、年齢が小さいため慰安婦としての雇用ではなかったという。

「慰安所は『山本』という日本の軍人が個人的に開いていた。山本には一男一女の小さな子どもがいて、桂英の仕事は子守をすることだった。慰安所がなにをおこなう施設なのかは、働きはじめる以前は知らなかった」

現役の日本軍人が「個人的に」家族を帯同して慰安所を経営するとは考えにくい。山本の正体は軍となんらかの関係がある民間人だったかと思われる。

ただ、日本語がわからず文字もほとんど読めなかった13歳当時の桂英が、山本の細かいプロフィールを把握できなかったのはむしろ当たり前だろう。

「ある日本兵が（当時は子守係だった）桂英に肉体関係を迫り、彼女が断ったところ、怒って太ももを刺した。桂英は助けてほしいと叫び、他の人がやってきたところ、刺した男は逃げた。慰安所の主の山本が（外出先から）戻ったあと、桂英がケガをしているのを見て病院へ連れて行った。ケガは1か月ほどでよくなった」

　これが桂英が当事者として体験したとされる「侵略戦争の被害」である。

　山本の慰安所には十数人の、20代前半の慰安婦たちがいた。桂英が15歳になった１９４3年、慰安婦の数が足りなくなり、彼女もそちらの仕事をさせられた。

「生前、桂英さんは日本人をどう言っていましたか？」

「日本人は『良い人間も悪い人間もいた』と言っていた。いちばんひどかったのは朝鮮人だった。日本軍が雇っていた朝鮮人だ。言動が非常に乱暴で、慰安所の近所で朝鮮人が新《シン》四軍《スージュン》（人民解放軍の前身）の縛られた捕虜の首をはねるところも見たと言っていた」

「いや、朝鮮人ではなく日本人はどうでしたか」

「日本兵が人を殺すところを直接見たと言っていた。ただ、日本兵は押し入った民家で、家に仏像や十字架があるのを見て家人を殺さなかった人もいた、と言っていた」

標準中国語との通訳を介しているうえ、唐の話自体もあまり論理的な感じではない。当方の質問の意図をしっかりくんで答えてくれているのか、ちょっと不安も覚える。

しかも、この話は彼の養母が死の前年に語った内容の伝聞だ。それでも根気強く聞くよりほかはない。

桂英は1年半ほど慰安所で働いたが、1945年8月に「日本が敗戦して（地元の）湯山鎮に帰った」という。子どもが産めない身体になっており、戦後に養子を取った。その養子が唐である。桂英は死去前年の2006年4月に、自宅で唐に過去の体験を話したという。その後、慰安婦問題を新聞で読んで知っていた隣人から「このことは政府に言ったほうがよい」とアドバイスされ、また唐もそれがいいと勧めたことから、桂英は南京市内にある侵華日軍南京大屠殺遭難同胞紀念館（南京大虐殺紀念館）に経歴を伝えた。

やがて、国営テレビ局のCCTV（中国中央電視台）をはじめメディアが数社取材に来た。カナダにある中国人の歴史問題追及団体（第8章に登場するALPHA Educationと同一の組織かは不明）からは、カナダに来て証言してほしいという申し入れも来た。桂英はこれらに応えようとしたものの、カミングアウトの翌年の4月に亡くなった。
湯山鎮にはほかに5～6人の元慰安婦がいたが、彼女らは桂英より5歳ほど年上で、すでに全員が逝去している。桂英たちは他の元慰安婦の遺族たちとヨコのつながりはなく、証言によってカネをもらったこともない——、という。

私が慰安婦遺族の唐に直接会って聞いたのは、そういう話であった。

家屋内には、中国の政府公認のプロテスタントの教派である三自愛国教会のカレンダーが掲げられていた。唐いわく1998年から信仰しはじめ、桂英も信者だったという。

桂英は貧農の家に生まれ、口減らしのために他家に売られ、養家にも馴染めず浮浪児のようになったすえ、売春施設の下働きとして働くうちに本人も客を取るようになった。彼女の養子である唐も、決して豊かではない生い立ちなのは想像に難くない。

桂英も唐も、極度の貧困や劣悪な家庭環境や、日中戦争・文化大革命といった動乱の影響から充分な教育を受けられず、社会の最底辺を這いずるようにして生きてきた。

旧時代の中国で、高くない社会階層に生まれた女性には、たとえ童養媳や慰安婦にならななかったとしても桂英と同じくらい苦労の多い人生を送った人が多くいたはずだろう。

「平和のために歴史を鑑とし、未来に向かうことが重要です――」

やがて、証言することがなくなった唐に、党員の梁はそうした言葉を盛んに喋らせようとした。室内はなぜかストーブが焚かれておらず、ひどく寒かった。

「党と国家に感謝しています――」

唐はそんな部屋で、何の表情もない目をしたまま、梁に促されるままに堅苦しいスローガンをボソボソとつぶやき続けていた。

証言と食い違う報道

後日、私が雷桂英について中国側の報道を調べたところ、2006年4月14日に新華社が報じた記事を見つけることができた。

念のため説明すれば、中国の報道はすべて当局の統制下にある。

なかでも国営通信社の新華社、中国共産党中央機関紙の人民日報、国営テレビのCCTVなどは公的な色合いが特に濃厚で、まさに「党の喉と舌」の役割を担うプロパガンダ媒体の代表選手である。
以下、そんな新華社による報道の冒頭部を翻訳して紹介しておこう。

先日、南京市の77歳の高齢の雷桂英老人が、自分が中国を侵略した日本軍によって強制的に「慰安婦」にされたという悲惨な経歴をはじめて公開し、南京の「慰安婦」の筆頭の「生きた証人」となった。

雷桂英老人は1929年生まれで、南京市江寧《ジャンニン》区湯山鎮湯家村の人である。彼女が9歳のとき、不幸にして日本軍による強姦に遭い、13歳の年、彼女は騙されて当時の日本人が湯山鎮の高台坡《ガオタイポー》に開いていた慰安所へゆくことになり、1年半にわたり強姦・折檻された後、ある日本人の不注意の機会を利用して脱走した。

60年あまり、雷桂英老人はずっとこの往年のことについて貝のように口をつぐんできた。近日、養子の唐家国に説得されたことでやっと、日本軍が南京で犯した未曾有の悪行の証拠として、この受難を公表することにした。

雷老人の紹介によると、当時の日本人の高台坡の慰安所には数十人の中国籍の慰安婦がおり、彼女はそのなかで最も年齢が低い一人だった。多くの17〜18歳の若い娘が日本の侵略者による代わるがわるの陵辱の後に出血多量となり生命を落とし、また（慰安婦の）何人かは直接的に日本軍により残酷に殺害された。たとえ当時幸運にして逃げおおせた人も、いまやみなこの世にはいない。この1年半の非人間的生活は雷桂英の身の上に多くの深刻な傷跡を残し、しかもその生殖能力まで奪ってしまった。

「南京77歳老人首次公開被迫当慰安婦経歴」
『新華網』２００６年4月14日

一読しただけで、唐家国が私に話した内容との食い違いが多いことがわかる。

例えば、新華社記事では桂英は13歳から慰安婦にさせられたように読めるが、唐の話では彼女が慰安婦になったのは15歳からだ。

また、新華社報道では桂英が慰安婦をやめた経緯について「日本人の不注意を利用して脱走」とするが、唐は「日本の敗戦後に湯山鎮に帰った」と話している。

加えて新華社の記事は慰安所が湯山鎮にあったとするが、こちらも「（敗戦後に）湯山鎮に帰った」という話と矛盾する（唐は南京市内に慰安所があったような話しぶりだった）。ほか、なぜか桂英の出生年も、新華社の報道と唐の証言では1年ズレている。

話に尾ヒレがついている感じもある。

唐が具体的に話した「戦争被害」は、朝鮮人の軍属が残酷だった、まだ慰安婦になっていない時期の桂英が日本兵に肉体関係を迫られて、断った腹いせに太ももを刺された……といったエピソードだ。

対して新華社は「桂英は9歳で日本兵に強姦された」「多くの慰安婦は代わるがわる陵辱されて出血多量で死亡した」「慰安婦の何人かは日本軍に直接殺害された」と伝える。

仮にこれが事実とすれば、桂英が慰安婦になる以前に起きたレイプ未遂事件よりも重大な事件だと思うが、なぜ唐は取材時にこれらを一言も喋らなかったのだろうか？

さらに他の中国側報道を確認すると、桂英は1943年の春の夜に慰安所のトイレから外に逃げ出した（『紅潮網』）、9歳から日本兵によって5回にわたり強姦された（『文化観察』）、13歳で慰安婦にされて毎日3〜6人の客を取らされた（『指尖歴史』）と、新華社の記事以上に人目を引くドラマチックな話が多数確認できる。

これらの掲載元の多くは、近年の中国で数多く登場しているウェブニュース系の媒体だ。祖国が過去に被った悲惨な歴史の真実を告発する体《てい》の記事内容にもかかわらず、ページ中に本文と無関係な和服の日本人のセミヌード画像を貼り付けるなど、アクセス稼ぎを目的に戦時中の性的なエピソードを利用しているようにすら見える。

政治が事実を曲げていく

論理的に考えても新華社ほかの中国側報道はおかしな部分がある。

桂英が慰安所で働きはじめた時期は1942年ごろで、汪兆銘《ワンヂャオミン》政権の成立後だ。汪政権は日本の傀儡政権だったとはいえ、旧都の南京を「首都」に定めて中華民国の正統政府を名乗り、そこそこ実態を伴う統治体制を持っていた。

つまり、桂英が働いた慰安所の所在地は「銃後」の非戦闘地域であり、明日をもしれぬ最前線で、満足な補給も得られず自暴自棄になった兵隊だらけの場所ではない。駐屯する日本兵たちが、彼らにとっての「身内」である慰安婦を虐待しても咎《とが》められないほどまで、軍規が頽廃した状態にあったとは考えづらい(こんにちの沖縄のアメリカ海兵隊のように、兵士が個人で現地住民への性犯罪を犯すケースはあっても、これは慰安婦とは別の問題である)。

そもそも、日本軍の慰安所は兵士のストレスを軽減して士気を維持することや、兵士による占領地での性犯罪の抑制を目的に、軍の管理下で民間業者によって運営されていた施設だった。慰安婦を出血多量で死ぬまで乱暴したり、無意味な殺害を繰り返すような行為は、軍が慰安所を設置した意図に明らかに反している。

他方、経営者側から見た慰安婦は「商品」に相当する。仮に彼女たちの稼働性が著しく損なわれるような事態がしばしば起きていれば、慰安所の安定的な運営は不可能だ。桂英が少なくとも1年半にわたり働き続けたことからもわかるように、該当の慰安所は(その道義的正当性はさておき)持続可能な形態で日々の運営がなされていたと考えるのが妥当だろう。

少なくとも桂英のケースでは、「慰安婦が代わるがわる陵辱されて出血多量で死亡した」「慰安婦の何人かは日本軍に直接殺害された」という話はかなり怪しいように思える。

「党の喉と舌」である中国の官製メディアの第一の仕事は、事実をそのまま伝えることではなく、当局に都合のいいストーリーを「真実」として国民に刷り込むことだ。体制内の知識人がおこなう学術研究や調査活動も、こと歴史問題に関しては同様の性質を持つ。

当然ながら、党に奉仕する目的のうえでは、報道や調査が話を都合よく脚色したり捏造したりするのは「正しい」行動である。加えて近年はネット媒体がクリック増を目的に、元慰安婦の尊厳などは完全に無視してセンセーショナルな嘘を上塗りしていく例も多い。

中国側の報道や調査から、慰安婦問題の真相に迫ることは極めて困難なのである。

当事者の話も一貫しない

いっぽう、生前の桂英の話がそのまますべて真実だとも思えない。

例えば2006年、中国人作家の方軍《ファンジュン》が現地のテレビ局・江蘇電視の協力のもとで桂英にインタビューした際には、彼女は足の傷を見せながらこのように話している。

13歳の年に、家に2人の日本人がやってきて、彼らは刀を抜きはらい私の顔の前でちらつかせ、一突きで殺してやると言いました。私は驚き呆然としました。彼は私の身体にのしかかり、私は力の限り彼を押し（返し）ました。あらがっているうちに二の腕をケガし、太腿の付け根を何度も刀で刺され、最後には強姦されました。

「訪曾被日寇強擄為慰安婦的雷桂英老人」『方軍　新浪博客』
http://blog.sina.com.cn/s/blog_5ec5b67a0102whtj.html

足刺し事件は慰安所ではなく自宅で起き、犯人は2人だという。

また、強姦が未遂で終わり慰安所経営者の山本に病院へ連れて行ってもらったとする唐の証言とは違い、こちらでは最後まで強姦されたと話している。

このインタビューで桂英は、はじめ慰安所の下働き（苦力《クウリー》）だったが、数か月で慰安婦にされたと言う。刀で頭を斬りつけられたこともあり、同僚の慰安婦が同じ目に遭い死亡したのを見た、慰安所で1年半働かされた後で機を見てトイレから脱走した、とも話す。

唐の話とも、他のメディアが伝える内容とも符合しない証言である。

ちなみに方軍の取材では、桂英の生年は新華社報道と1年ズレた「1928年」である。

——もっとも、生前の桂英が意図的にウソを喋ったとは限らない。

一般論として、セックスワーカーには経済・文化資本の双方で社会的弱者が多く含まれる。これは発展途上国の、しかも戦前の生まれである元慰安婦の場合はなおさらだ。国籍を異にする朝鮮人の慰安婦（comfort girl）の話ではあるが、以下のような報告もある。

尋問が明らかにするところでは、平均的な朝鮮人「慰安婦」はおおよそ25歳くらいで、無学で子どもっぽくワガママである。彼女は日本人と白人のいずれの基準でもかわいらしいとは言えない。彼女は身勝手に振る舞いたがり、自分自身について話すことを好む。（中略）彼女はその「職業」を嫌っていると主張し、仕事のことや彼女の家族のことを話したがらない。

「Report No.49:Japanese Prisoners of War,Interrogation on Prostitution」
https://www.exordio.com/1939-1945/codex/Documentos/report-49-USA-orig.html

大戦中の1944年、アメリカ戦争情報局心理作戦班が、ビルマ戦線で捕虜にした朝鮮人女性たちにおこなった尋問のレポートだ。

こうした個性は中国人慰安婦たちも大きく違わなかっただろう。

彼女らの多くはその生い立ちゆえに、論理的に首尾一貫した話をしたり、自分の状況を抽象的な概念で把握して他者に説明できるような能力を獲得できていない。場合によっては文字の読み書きもできず、固有名詞や年号・日付・場所の記憶はかなり不正確になると考えられる。

加えて証言時の彼女らは高齢だ。往年の日々は誰しも忘れたい過去であり、望まずして慰安婦になった場合はなおさらだ。後世の抗日ドラマやニュース報道などで聞いた話を、自分の体験のように思い込む例もあるだろう。

桂英のように物故した場合は、さらに家族の伝聞に頼ることになる。

もちろん家族たちも、やはり生い立ちは貧しく、充分な教育を受けられなかった人が多いため、証言の信頼性はいっそう低くなる。彼らが話す土着の方言を標準中国語に「通訳」する人物が、どこまで誠実な通訳をおこなっているかも疑わしい。

社会の格差が大きく、言論の自由も存在しない中国における慰安婦の証言は、この問題の総本山である韓国の事例に輪をかけて真偽の見極めが難しいのだ。

南京慰安所陳列館の異常な警備

「身分証だ。身分証を出せ」

唐家国の自宅を尋ねた翌日、警備中の武装警察に声を掛けられた。場所は南京市の中心部・地下鉄大行宮《ダーシンゴン》駅にほど近い、古都の情緒に溢れた路地裏だ。

私が黙ってパスポートを差し出すと、怪訝そうな表情で番号や入国スタンプを何度も確認し、目指す施設の敷地内にやっと通してくれる。門には中国の駅などでお馴染みの手荷物検査場があり、バッグをX線に通して刃物や爆発物を持っていないかチェックされた。

一応は博物館にもかかわらず、ずいぶん訪問のハードルが高いようだ。観覧者はまばらだが、警備担当者は敷地のあちこちに何人も立っている。

施設の名は利済巷《リージーシャン》慰安所旧址陳列館という。

8棟の旧建築をリノベーションして、慰安婦問題を特集した博物館に変えたものだ。この年（2015年）の12月1日に開館されたばかりだった。

建物はもともと、中華民国時代に国民党の将軍が建てたもので、1937年に日本軍が南京を陥落させた後に慰安所にされた。1940年に発足する汪兆銘政権の政府庁舎（総統府）からわずか300mの場所に、日本兵向けの「慰安」施設があったのは、当時の汪政権が置かれた立場を象徴するようで興味深い。

利済巷の建物群は戦後は一般住宅になっていた。慰安所跡地として再発見されたのは、朝鮮人元慰安婦の朴永心《パクヨンシム》（2006年死去）が訪中して証言した2003年のことだ。

朴はかつて南京の慰安所で働いていたとされ、1944年に転戦先のビルマ戦線で連合国軍に保護された。故郷の平安南道《ピョンアンナムド》が北朝鮮領となったことから、晩年は北朝鮮人の立場で告発活動をおこない、2000年に東京で開かれた民間イベント「女性国際戦犯法廷」で証言するなどもしている（2006年8月に死去）。

その後、習近平が党総書記に就任した直後の2012年12月に陳列館の設置計画が具体化した。2015年12月1日に一般公開されるにあたっては、市内にある中国有数の規模の愛国主義教育基地・南京大虐殺紀念館の分館の形が取られた。敷地面積は庭を含めて3000平方mほどで、大きさとしては25mプール10個分に相当する空間だ。

敷地に足を踏み入れる。

まず正面で目に入るのは、憔悴した表情を浮かべた巨大な三人の慰安婦像だ。左側のおなかの大きな女性は、ビルマ戦線で保護された当時の朴永心がモデルである（なお、朴は妊娠中に保護されたが流産し、その後は出産能力を失って戦後に養子を取るという、湯山鎮の雷桂英とよく似た後半生を送った）。

像のすぐ背後に鎮座するのが、かつての慰安所を含む8棟の建物だ。

慰安所陳列館として整備される前の2014年6月に南京市の文物保護単位（重要文化財）に指定されたが、いったん元の木造建築を壊してから建て直したそうで、建物は内部にエアコンも入ったコンクリ造りである。

壁面には「日本軍国主義による人間性への蹂躙《じゅうりん》と、アジアの女性に苦難と悲しみを与えた」ことへの涙を意味するという、水滴をかたどったアートが貼り付けられている。

「利済巷慰安所旧址陳列館」と書かれた無骨なゴシック体の文字と調和しておらず、いまいちチープな印象だ。

対して、門から右手にある屋外部分に掲げられた、多数の慰安婦の白黒の顔写真を集めた立て看板はスタイリッシュなデザインだった。後述する館内のセンスと共通しており、表の水滴壁とゴシック体文字だけ別の担当者が作ったように思える。

「敏感な政治問題をはらむ施設だ」

建物内部も紹介しよう。

入ってすぐに広がるホールの天井には、数十人の慰安婦の顔写真を円形にかたどった、垢抜けたオブジェが吊られている。旧日本軍の「性奴隷」制度の非人間性と、中国がその最大の被害国であると訴える解説板もある。

展示は建物6棟にわたり延々と続く。雷桂英をはじめとした中国人や台湾人の慰安婦の写真やプロフィールのほか、前出の朴永心を含めた朝鮮人慰安婦の情報も多い。慰安所の部屋や待合室も再現されている。

（上左）慰安所陳列館内、慰安婦顔写真のオブジェ。／（上右）慰安所陳列館の慰安婦像、後ろの壁に「涙」のアートが確認できる。／（下）中国人元慰安婦の一人（故人）の説明パネル。この女性は妊娠中に「日本軍の性奴隷」にされたと伝える。

後半には橋下徹や小泉純一郎の写真とともに「日本右翼政治家の問題発言」が展示されていたり、逆に村山富市らのリベラル系の政治家の反応や、「中日友好人士」である日本の市民団体活動家の取り組みの紹介があったりもする。

内装は都市部の若者向けのカフェを連想させる、落ち着いたデザインで統一されている。市内の南京大虐殺紀念館は広大な敷地を活かした巨大なハコモノで、追悼が目的の博物館とは思えないほど派手で大規模な演出が多いが、こちらの慰安所陳列館は伝統建築の雰囲気を残した上品なつくりだ。

2007年に大改修があった南京大虐殺紀念館が、ゼロ年代の胡錦濤時代の中国のセンスならば、慰安所陳列館は当世の習近平時代のセンスというべきか。いずれにせよ、建設にあたっての当局の豊富な資金力が見て取れる。

ただし、スタイリッシュな空間デザインや豊富な展示室に対して情報の絶対量は少ない。公称では400枚以上の解説図と680枚以上の写真が展示中だとされるが、同じ図や写真の使い回しが非常に多いのだ。実際の情報量は3分の1程度ではないかと思える。

1600件余りの物品が公開されているという展示品も、日本陸軍で使われたコンドームの「突撃一番」や軍服が置いてあるくらいで、際立って珍しいものはない。慰安所という施設の性質上、避妊用具と日常用品以外に残るものは何もなかったのだろう。

慰安所陳列館の休館日は日曜と祝日で、平日も午後4時半に閉まる。土曜の昼間以外、カタギの社会人がフラッと見に来ることがほぼ不可能な開館スケジュールだ。ほかにも同一人物の参観を月2回以内に限る謎の規定があるなど、一般市民向けに本気で慰安婦問題を伝える気があるのか首を傾げる部分が多い。

これが他国の施設なら、施設の運営関係者に取材を申し込むのだが、中国の慰安所陳列館の場合はそんなことはできない。

「敏感な政治問題をはらむ施設だ。陳列館の関係者や、設置運動をおこなった市内の学者の紹介は勘弁してほしい」

開館前の2015年5月から陳列館への慰安婦ポートレートの提供事業に携わり、慰安婦写真集の出版歴も持つフォトグラファーの李暁方《リィシャオファン》に電話取材をおこなうと、そんな言葉が返ってきた。

お仲間以外の民間人を排除する姿勢と、外部の目に触れることを極度に嫌がる関係者たちのピリピリした警戒ぶり。陝西《シャンシー》省の習仲勲陵園《シィヂョンシュンリンユエン》や梁家河《リャンジャーホォ》村、河北《ヘェベイ》省の雄安《ションアン》新区と同じく、習近平政権下の国家イベント施設に共通した特有の匂いがする。ただの文化施設と呼ぶには、あまりにキナ臭い場所だと言うよりほかない。

出たり引っ込んだりする中国慰安婦問題

中国において、ある政治的なテーマに世間の耳目が集まるか否かは、ひとえに当局の腹積もり次第で決まる。慰安婦問題のような、外交や歴史問題に密切に関係したテーマについてはなおさらそうだ。

中国共産党は、天安門事件やソ連の崩壊を経て体制が動揺した後、1990年代なかばから国民の統合を目的に愛国主義を強く呼びかけるようになった。だが当初、南京大虐殺は大きく取り上げられたが、韓国と違って慰安婦問題はあまり関心を持たれなかった。

最初の関心の波は、小泉首相の靖国参拝や日本の国連常任理事国入りに反対する反日デモが起き、南京大虐殺紀念館の拡張工事計画が持ち上がるなど、「反日」的な姿勢が強化された2005〜2006年ごろだ（雷桂英のカミングアウトもこの時期である）。だが、2008年の北京五輪の前後に胡錦濤が対日融和路線を取り、慰安婦問題のブームは一旦沈静化する。

——これが再復活したのは、尖閣国有化問題に反発する戦後最大規模の反日デモが起き、習近平が党総書記に就任した2012年以降だった。

当時、中国国内では歴史問題を利用した対日包囲網の構築を提案する論文が多数発表され、習近平は政権発足からしばらく、アメリカをはじめ旧連合国陣営の西側諸国に訴えて日本を孤立させようとする外交方針を取った。これは不首尾に終わったものの、次に中国は韓国を取り込む方向に転換し、こちらは一時期かなり成功する。

2015年9月3日、アフリカ・東南アジアの親中国的な小国や、旧東側諸国の首脳を集めて北京で挙行された「中国人民抗日戦争・世界反ファシズム戦争勝利70周年記念大会」の軍事パレードの閲兵式に、当時の韓国大統領の朴槿恵《パククネ》が参加して天安門の壇上に登ったときが、中国による韓国取り込み外交の頂点だ。

2015年12月に南京で利済巷慰安所旧址陳列館が開館したのも、この中韓協力の流れのなかに位置付けられる出来事である。両国が共有できる最大のトピックは対日歴史問題であり、その最大公約数となるのが慰安婦問題だった。

ほか、２０１５年10月には中韓合作の中国人慰安婦ドキュメンタリー映画『二十二』が釜山国際映画祭で初上映（中国国内上映は２０１７年夏）されたり、２０１６年10月に上海師範大学で「中国〝慰安婦〟歴史博物館」が開館し、朝鮮人と中国人の慰安婦を象徴する少女像の設置もおこなわれている。

（余談ながら、中国による韓国取り込み作戦はその後、韓国側が中国の反対を押し切って在韓米軍に戦域高高度防衛ミサイル〈ＴＨＡＡＤ〉の配備を決めたことで、２０１７年初頭ごろまでに破綻してしまった。結果、中国国内では「裏切り者」の韓国への報復のために強烈な韓国製品ボイコット運動が起きている）


いずれにせよ、中国における慰安婦問題とは、中国共産党が日本に強硬姿勢を取ると決めたときに、世論を盛り上げるためのカードとして使われるトピックなのだ。ゆえに場合によっては、逆に問題をひっこめるパターンもある。

２０１８年８月８日には、上海師範大学で２日後に開催を予定していた慰安婦問題の国際シンポジウムが、中国外交部の指示で突然中止された。これは安倍首相と習近平の両国相互訪問が具体的な日程にのぼり日中融和ムードが高まったことや、米中貿易戦争が激化するなかで日本との対立まで深めたくないという政治判断の結果だとみられている。

慰安婦問題を騒ぐも騒がないも、徹頭徹尾、当局の都合次第というわけだ。

中国人元慰安婦たちの多くは、大戦中にさまざまな事情から敵である日本軍兵士の欲望処理に協力することを余儀なくされ、戦後はその過去を隠して苦しい人生を歩んできた。こうした慰安婦本人の尊厳や遺族の複雑な感情は、もとから中国当局の考慮の外にある。

真面目に付き合うと「バカを見る」

「わしが10……何歳のときだったか、ある日いきなり日本兵が村にやってきた。村人が降伏しているのに片っ端から銃をぶっぱなし、人を殺して家を焼いた。ひどいもんだった」

「わしは軍の苦力《クゥリー》にされて、近所の桂西村《グイシー》までよく物資を運ばされた。日本兵の虫の居所が悪いといきなり殴られた。整列の時に『手』の位置が悪いという理由で殴られたことがあった。銃底で殴られて腰が曲がった者もいる。友達は軍刀で斬られて死んだ」
「日本兵が行進する靴の音が怖かった。上官を相手に絶叫する兵隊の様子が気持ち悪かった。いちばん耐え難かったのは兵隊が村の女を犯すことだった。女たちの顔に墨を塗り森のなかへ逃げさせたが、それでも見つかり犯された。かくまった男は殺された」
「解放前の軍閥やら匪賊やら、文化大革命のときの紅衛兵よりも、わしの人生のなかでは日本兵がいちばん怖かった。言葉が通じず、連中が何をやりたいのかもよくわからない。交渉も説得もできない相手だったからだ」

これは2013年3月17日午後、私が広東省《グアンドン》東部の掲陽《ジエヤン》市郊外にある月城《ユエチエン》鎮寮東《リヤオドン》村で、李《リィ》という当時85歳くらいの村の長老から聞いた思い出話だ。当時、私はこの村と隣村の紛争事件の取材中で、彼とは一族の祖先を祀《まつ》った廟で偶然出会った。資料を確認すると、村が日本軍に襲われたのは大戦末期、1944年12月から翌年ごろの出来事と思われる。

李老人に限らず、一昔前までは中国の農村部で年寄りに会うと、日中戦争中の被害を切々と語られることが決して珍しくなかった。

こんにちの日本のブラック企業問題や外国人技能実習生問題の惨状を見ても、往年の中国戦線における日本兵たちが、組織の構成員としての集団心理のなかでろくでもない行為を繰り返していただろうことは想像に難くない。当時、自分の村へ暴力的に侵入してきた日本兵の世話をさせられた中国人は無念だっただろう。家族や隣人を殺されたり乱暴された人の恨みも凄まじかったに違いない。

日本国家や軍の責任をどこまで認めるか、という政治的な問題はさておき、歴史問題の直接の被害者に対面したときは襟を正すべきだ。戦争は70年以上も昔の話だが、私自身は中国の農村部に行くときはそういうルールを自分に課している。

……だが、このように比較的「良心的」な立場の私ですら、中国の慰安婦問題には心の底からうんざりする。

被害の当事者がほとんど不在のまま、中国共産党の都合によって中国国内のメディアが好き勝手にプロパガンダを書き散らし、問題が出したり引っ込めたりされるためだ。

日本が中国にどれだけ誠意を示して謝罪しても、彼らの政治的な都合次第でいつでもひっくり返される。逆に反省を示さず開き直ったとしても、中国当局が対日接近の必要性を感じているときは、歴史問題は簡単に後景へ押しやられる。

少なくとも対中国の歴史問題については、もはや真面目に付き合うほうがバカを見る。日本人は個人の良心に照らして過去の歴史を内省することが望ましいとはいえ、政治的にはプラグマティックに振る舞うしかない——。そんな答えを導き出さざるを得ない。

2018年7月31日現在、中国で過去をカミングアウトしている存命の元慰安婦は合計16人だとされている。

本来ならば人生をいちばん楽しめたはずの娘時代から、最晩年の現在にいたるまで、大日本帝国や中華人民共和国といった国家の都合に振り回され続けている彼女らには、同情の思いも浮かぶ。元慰安婦たちを利用する「政治」という怪物は、抗日ドラマに登場する日本兵たちよりずっとグロテスクかもしれない。

第8章

カナダの「反日グランドマスター」に会う

―カナダ・オンタリオ州トロント市―

ゲストハウスの玄関の扉を開けると、空も地面も真っ白だった。

良質の粉雪で、歩きだすとスニーカーの下でキューキューと音が鳴る。なんだかスキーに行きたくなってくるが、今回の日程では無理である。街から南へ２時間バスに揺られるとナイアガラの滝があるが、そちらも残念ながら諦めよう——。

２０１８年２月５日、ここはカナダ東部のオンタリオ州トロント市。地下鉄２号線のブロア・ヤング駅とシェルボーン駅の中間地点に広がる住宅街である。気温はマイナス10度近く、帽子とマフラーで完全武装をしてもなお、露出した頬や目元に寒気が突き刺さる。トロントはカナダで最大の都市だが、規模の割に雰囲気が落ち着いていた。東京や上海《シャンハイ》の喧騒に慣れていると、ちょっと戸惑うくらいである。

「イーホン・センター（頤康中心《イーホンヂョンサム》）までお願いします」

地下鉄を終点のケネディ駅で降りてから、郊外行きのタクシーに乗った。

雪をかぶった白樺の林や大規模物流センターの倉庫群が車窓を流れていく。20分ほど車に揺られると、６階建ての巨大な高齢者福祉施設に到着した。東京の聖路加病院にほぼ匹敵する２万８６４０平方ｍの敷地を有し、このスカボロー地区の本館のほか、州内に３か所の分院を持つ堂々たる施設だ。

時刻は北米大陸東部標準時の午前８時45分。日本では夜の10時45分である。先方に指定された時間とはいえ、12時間のフライトから到着した翌朝の取材は身体にこたえた。だが、これから訪ねる人物への好奇心が疲れを上回った。

彼の名は、香港系カナダ人のジョセフ・ウォン（王裕佳《ウォンユイーガーイ》）という。

ジョセフはトロントで、日本の第二次大戦中の戦争犯罪を告発するALPHA Education（以下、ＡＥ）という組織を結成。１９９７年に中国系アメリカ人作家のアイリス・チャン（張純如《チャンチュンルゥ》）が南京事件を告発して世界的なベストセラーになった書籍『ザ・レイプ・オブ・南京』の仕掛け人の一人としても知られている。

ほかにも、ＡＥの歴史観をカナダの地方議会や教育行政にさまざまな方法で反映させたり、対日歴史問題に関連する映画製作や書籍出版を支援したりと、活動の内容は多岐におよぶ。過去の活動テーマも、尖閣諸島問題、南京大虐殺、７３１部隊、慰安婦問題に徴用工問題と、多くのジャンルを網羅している。

ちなみに、ジョセフの本業は医師だ。

高齢者福祉施設であるイーホン・センターや、慈善団体のイーホン基金会など複数の社会福祉団体の代表を務める有徳《うとく》の人である。彼はその社会貢献ゆえにさまざまな表彰を受け、英語圏で大きな影響力を持つニュースサイトの『ハフィントン・ポスト』や『ブルームバーグ』の名士録にも掲載されている。カナダ社会のリーダーの一人と言っていい。

また、事前に調べた限り、近年のジョセフの運動は中国人としてのナショナリズムが理由ではないようだ。世界平和を願うヒューマニズムが活動の基本らしいのである。

私はこの不思議な人物に会うために、地球の裏側にあるトロントの街外れまで、はるばるとやって来たのであった。

「Oh、ハロウ。ハロウ」

ジョセフは約束の時間の10分前にロビーに現れ、私に握手を求めた。

黒く染めた髪をきっちりと分け、メガネの奥の目が優しい。過去20年間にわたり、北米大陸の華僑を率いて「反日」的な運動をリードしてきた人物とは思えない穏やかな外見だ。

「副会長のフローラが、道が混んでいてまだ来られないみたいなのです」

ゆっくりしたわかりやすい英語だった。

「待っている間、このセンターをご案内しましょうか」

ジョセフはそう言うと、私を連れてエレベーターへ向けて歩き出した。

日本人への憎悪は一切ない

「あらあ、ジョセフさん！」

4階の食堂で日本食を食べていた老婆たちが、パアッと顔を輝かせた。「おばあちゃん、元気かい」と声をかけたジョセフに、満面の笑みでうなずいてみせる。

「あたしたちはみんなね、日本人だったんだ。あたしの生まれはフクオカだよ。いま96歳。戦争の前にこっちに来て、それから日本に帰っていないの」

私が日本人だと知ると、いちばんちゃきちゃきしている老婆が、すこし奇妙なアクセントの日本語で話しかけてきた。

施設内で彼女らが暮らす区画は「ジャパニーズ・ウイング」と呼ばれ、日系人の高齢者のみが入居している。壁には老人たちの塗り絵や折り紙が貼られ、日本語で書かれた節分の催し物告知があった。ほかに、廊下には日本地図や日本の伝統工芸品も置かれている。

「ジョセフさんはほんとね、良い人なのよう。日本人にも中国人にも分け隔てがなくて、優しくってねえ……。あたしたちは、とっても幸せよ」

イーホン・センターの前身は１９８７年にジョセフと仲間が始めた中国系移民向けの施設で、１９９４年に大規模なセンターになった。いまや４０００人以上の利用者を擁し、入居希望者は10年近く待たないと入れないほどだという。

老人たちの各部屋も見せてもらった。

ある部屋の棚の上には、和服を着た女性がカナダの欧風の街を背景に立っているボヤけた白黒写真が置かれていた。日本国内の日本人とはどこか違う雰囲気の、若いアジア系の男女のウエディング・フォトもある。カナダ軍らしき軍服を着用した男性の写真もあり、筆記体でサインが記されている。

カナダの日系移民の過去１３０年の歴史が、この棚に凝縮されているようだ。

「素敵な施設ですね。日系人の老人によい環境を提供してくださって感謝します」

「ありがとう。当初、ジャパニーズ・ウイングを作る際には中国系の入居者の反対もあったのですが、私は『人道の前に民族や国籍は関係ない』と言って、ここを作ったのです」

中華系や日系の他にも、フィリピン系、ヒンドゥー系、ヒスパニック系などの入居者がいる。それぞれ区画ごとに集まって住まわせ、彼らが食べ慣れた食事を提供しているという。多民族国家のカナダでは重宝される施設だろう。

「さっきの彼女らは、年齢からすれば大戦中に強制収容を受けていたのではないですか？」

「よくご存知ですね。その通りです。彼女らも大戦の被害者なのですよ」

戦時中、カナダでは日系人の強制収容と財産没収がアメリカ本土を上回る苛烈さで進められ、約２万１０００人が被害を被った。１９８８年、カナダ政府は日系人の名誉回復運動（リドレス）を受けて過去の政策の誤りを認め、謝罪と補償を決定している。

「日系人の運動にも協力したことがあります。私の信条は人道主義《ヒューマニズム》で、日本人への憎悪は一切ない。北米で日系人が受けた迫害も、日本が大戦中にアジア諸国でおこなった暴挙も、ともに正義と人道に反する問題として向き合うべきです。民族や国家に関係なく、戦争はいけないのですから」

言葉と表情に、まったく気負った雰囲気がない。どうやら彼は報道の通り、本気でこうした「きれい」な信念のもとで行動し続けてきたらしい。

ただ、そんなジョセフが長年にわたりＡＥを率いておこなってきた活動は、いまやカナダ国内だけではなく国際政治の舞台にまで波紋を広げつつある。

なぜかカナダで「南京大虐殺記念日」

カナダは隣国のアメリカ以上にリベラルな気質が強い国で、特にトロント市は非欧州系住民が人口の５割を上回る多民族都市だ。

２０１６年の国勢調査によれば、トロント市の中国系住民はおよそ29・９万人で、市内人口（約２７３万人）の約11％を占めている。カナダ全体でも、人口約３５１５万人のうちで中国系は約１７７万人。留学生などの国籍未取得者を含めると、中国系住民は２００万人以上に達する。

カナダは中国・台湾を除けば世界で第６位の中国系人口を抱えている。非アジア圏の国家としては「もうひとつの中国」と呼んでいいほど、中国系住民が占める比率が高い国なのである。特に今世紀に入ってからは中国本土の対外開放もあり、中国人の数がどんどん増えている。

いっぽう、カナダは長い歴史を持つ民主主義国家である。

それゆえに、近年は中国系住民の間で根強い政治的傾向が「市民の声」として現地の議会や行政に反映されやすい傾向も生まれている。

とりわけ代表的なのが日本の歴史問題をめぐる動きだ。

2017年10月26日、オンタリオ州の女性州議（当時）だったスー・ウォン（黄素《ウォンソウ》梅《ムイ》）が、1937年の南京大虐殺から80年目にあたる12月13日を「南京大虐殺記念日」とする66号動議を州議会に提出。出席議員の全員賛成により採択を勝ち取った。

66号動議はもともと、記念日の正式な制定を求めた法案（79号法案）が通らず、法的拘束力のない動議に切り替えられた経緯がある。だが、戦勝国とはいえ日中戦争と直接関係がないカナダで、南京大虐殺を記念する動議が承認を得たのは驚くべきことだろう。

動議の提唱者であるスー議員は、中道左派のオンタリオ自由党に所属する、香港から移民したカナダ人だ。中国系住民の多いトロント市郊外のスカボロー・アジンコート選挙区を地盤とし、ジョセフが率いるＡＥとの関係も深い（余談ながら、この取材後の２０１８年６月に３選に失敗して落選した）。

——スー議員らの歴史観は、中国系以外のカナダ人の間でも共有されている。

例えば動議の可決翌日の『トロント・スター』ＷＥＢ版は、中道右派のオンタリオ進歩保守党に所属する欧州系の女性州議、リサ・マクロードのこんなコメントを報じている。

日本の皇軍が南京市でレイプし略奪し虐殺をおこなうことを決めた６週間、それは西洋人が言うところの「この世の地獄」でした。およそ2万人から８万人がレイプされたのです。（中略）それ（＝南京大虐殺）を記念するのに80年を費やしたとは信じられない。

「MPPs unanimously pass motion to commemorate victims of Nanjing massacre」

『The Star』２０１７年10月27日

〝反日グランドマスター〟ことジョセフ氏。彼自身は「反日」と呼ばれることを好まない。

AEの支援を受けて制作された慰安婦ドキュメンタリー『THE APOLOGY（謝罪）』のカット（YouTubeで公開されている予告編より引用）。2016年公開。韓国、フィリピン、中国など各国の慰安婦のインタビューを収録している。監督のティファニー・ションは、台湾や中国本土の慰安婦ドキュメンタリー映画の制作者たちとも交流をおこなっている。

南京での「2万~8万人」という強姦被害者の数は、終戦直後の東京裁判や中国国民党側の発表に基づいており、必ずしも客観性のある検証を経た数字ではない。だが、いまやトロント市議会の欧州系議員の間でも「事実」として認識され、大新聞を通じてカナダ国内のみならず全世界の英語圏諸国に広く伝えられている。

大金星を挙げたスー議員の動きをバックアップしたのが、ジョセフ率いるAEだ。AEは2016年から南京大虐殺記念日の法案制定を目指して大々的な支援運動を展開し、結果的に10万人もの賛同署名を集めることに成功した。

ちなみにAEは、中国政府からの資金援助は受けていないという。

「カナダ政府やオンタリオ州政府との関係は良好ですが、中国政府との関係はありません。そもそも、仮に私たちが中国から資金や工作指令を受けている団体なら、カナダ政府の支持は得られませんよ」

ジョセフへの取材に合流した、AEの副会長のフローラ・チョン(劉美玲《ラウメイリン》)は言う。A

Eの年間予算は人件費や教育事業へのランニングコストが年間30万カナダドル(約2500万円)程度で、すべて寄付で賄っている。

「チャリティパーティーの『アルファ・ナイト』では、1回あたり10万〜20万カナダドルの寄付が集まります。映画製作や博物館建設(後述)は、別途に寄付を集めます」

欧米社会では非常に盛んな寄付文化が、AEの運営も助けているわけだ。

きっかけは尖閣問題

そろそろジョセフ本人の姿に迫ろう。

ジョセフは1980年代までは、トロントで高齢者福祉施設の立ち上げに奔走する医師として活躍していた。いっぽう、インドシナ難民の救援活動や中国系住民への民族差別への抗議活動、日系人の強制収容に対するカナダ国家への謝罪要求運動など、マイノリティの権利向上を目指すさまざまなアクションにもたずさわってきた。

そんな彼が日本政府を相手にした抗議運動にのめりこんだ契機は、1996年に浮上した尖閣諸島問題である。これは日本の右翼団体が島に灯台を建設したことに反発して、全世界の中国人が抗議運動を起こした事件だ。

当時、すでにカナダの華人社会の名士になっていたジョセフは、バス4台をチャーターして中国系住民を引き連れ、首都オタワの日本大使館に抗議に向かった。

尖閣諸島は日清戦争の終戦直前に日本の領有が決まったことから、香港・台湾を含む中華圏では、往年の日本による中国侵略の最後の未返還地域であるという認識を持たれている（日中双方の細かい解釈は話が脱線するので詳述しない）。ゆえに当時、アメリカを含めた北米各地の中国系住民の間では、尖閣問題と歩調を合わせて対日歴史問題を糾弾する動きも盛り上がった。

このとき、ジョセフがトロントに設立した尖閣抗議運動団体こそ、ＡＥの前身になった組織だ。１９９７年、対日歴史問題の追及団体である「Toronto ALPHA」に改組された。

「学生時代にユダヤ人と仲が良かったこともあり、彼らのコミュニティから発想を得ました。彼らはホロコーストの被害を世界に対して伝えていた。しかし、大戦中に同じく多くの犠牲者が出たアジアの被害は、欧米ではほとんど知られていませんでした」

イーホン・センターの一室で、ジョセフはToronto ALPHAの設立動機をこう説明する

（その後にALPHA Educationに改名したのは2013年ごろだが、以下はＡＥで統一する）。

「アジア人の命が欧米人よりも軽いはずはない。この問題を世界的に啓蒙することこそ、正義《ジャスティス》であると考えたのです」


初期の活動で目を引くのは、米国の中国系女性作家アイリス・チャンが1997年に出版した『ザ・レイプ・オブ・南京』の、カナダ市場での仕掛け人になったことだ。

『南京』は当初、出版社から刊行を渋られるようなマイナー書籍だったが、ジョセフは英語で書かれた同書が、欧米圏で南京大虐殺をアピールするうえで格好のテキストになると確信した。彼はみずからアイリスに連絡して彼女をバンクーバーとトロントに招き、持ち前の人脈を活かして多くのメディアに売り込みをかけたのである。

「私自身、出版社から定価の半額で2000冊を買い付け、それを売り切りました」

結果、宣伝マンとなったジョセフのもとで『南京』は版を重ね続け、やがて世界的なベストセラーになる。同書はアメリカ国内にも複数の仕掛け人がいたというが、ジョセフもその主要な一人だったのは間違いない。

「とはいえ、『南京』は引用写真や記述の間違いが非常に多いと指摘されています。学術的に問題がある本なのはご存知ですよね？」

「確かに、アイリスの資料の解釈や取材方法には完璧ではない部分もありました。しかし、彼女は学者ではなく著述家です。長期間の取材を通じた労作なのは確かですよ」

私の問いにジョセフはそう答える。学者でなければ不正確でよいのか。

「敏感な歴史問題を取り扱う上で、テキストとして不適切ではありませんか？」

「欧米で知られていなかった南京大虐殺について、理解の間口を広げた功績は大きいでしょう。『南京』は過去を学ぶ上で有用な書籍だと思っています」

アイリスはその後に精神疾患をわずらい、2004年に自殺している。ジョセフは彼女の死後の2007年、ドキュメンタリー映画『アイリス・チャン ザ・レイプ・オブ・南京』の制作にも協力した。

生々しい現役の政治問題

やがてジョセフは2004年ごろから、教育分野に注目するようになる。オンタリオ州の非中国系住民出身の高校教師らを、中国や韓国の抗日記念館に連れて行き、元慰安婦や南京の生存者らに会わせるスタディ・ツアーを実施しはじめたのだ。

近年、ＡＥが制作を支援した慰安婦ドキュメンタリー映画『THE APOLOGY』（２０１６年、カナダ）の監督のティファニー・ション（熊邦琳《ションバンリン》）も、もとはこのツアーの参加者だった。監督志望者として題材を探していたティファニーを中国や韓国へ連れて行って「勉強」させ、作品の制作を指導したのである。

また、２００５年にはオンタリオ州の教育庁に「人道主義の立場から、慰安婦・南京大虐殺・強制労働などの人道に違反した精神（の負の面）を強調しなくてはならない」という建議書を提出した。結果、粘り強いロビー活動もあって、ＡＥが主張する内容に沿った「アジアの第二次大戦の歴史」を州内の高校の必修カリキュラムに組み込ませることにも成功している。

さらに翌年、ＡＥは『ザ・レイプ・オブ・南京』を含めた日本の歴史問題に関連する資料を、州内の高校９００校の図書館に無料で寄贈する活動も開始した。現在は２０１８年内の完成を目指して、トロント市内にＡＥの歴史観にもとづいた「アジア太平洋平和博物館」の建設準備も進めている。

「中国であれ韓国であれ日本であれ、ナショナリズムは不幸な結果を呼ぶ。私たちは特定の国家や民族のナショナリズムのために活動しているわけではないのです」

ジョセフは言う。彼は尖閣抗議運動に関係した初期をのぞき、普遍的なヒューマニズムの信念に基づいて運動を展開しているのが特徴である。

ＡＥがオンタリオ州の教育行政に食い込み、州議会で南京大虐殺記念日の動議可決を勝ち取ったのも、その「普遍性」が中国系以外のカナダ人からも評価されたことが一因だ。

しかし、なぜカナダで南京大虐殺記念日なのか。ＡＥの副会長であるフローラは「カナダは社会的正義《ソーシャル・ジャスティス》を重視する国だから」と説明する。

「州議会は１９９８年にホロコースト記念日も制定しています。理由は過去の暴挙を知り、再発を防ぐため。南京大虐殺もまた、アジアで発生した人類の暴挙として同様に記念されるべきだという考えです」

確かに、多文化共生を掲げるトロント市はホロコースト記念日のほか、１９３０年代にソ連がウクライナ人を迫害した「ホロドモール虐殺記念日」も定めている（ちなみにカナダはウクライナ系住民の存在感も大きい）。市内には広島の「平和の火」が灯された庭園もあり、8月6日には追悼運動がおこなわれている。

——だが、ゆえに引っかかるものはある。

ホロコーストやホロドモールを起こしたナチスやソ連はすでに政権が消滅している。原爆投下をおこなったアメリカも、幸か不幸か戦後に日本を同盟国に組み込んだので、これらの事件は名実ともに「過去の悲劇」に変わっている。今後、ホロコーストや原爆投下の解釈が国家レベルで新たな紛争の火種になる可能性は高くない。

だが、南京大虐殺はこれらと違って、中国にとって現在進行形の外交や政治の道具だ。中国が歴史問題を口実に欧米や韓国を取り込み、愛国主義を煽って国民統合を図っていることは第7章でも述べた。過去の「加害者」である日本が戦後に民主主義国家として再生し、「被害者」だった中国が強圧的な専制国家になったという皮肉な構図も存在する。

不謹慎を承知で言えば、南京大虐殺は（その真偽を問わず）犠牲者の数字が多ければ多いほど中国の国益の増進に直結し、中国共産党の統治体制の強化に資するという、非常に生々しい現役の政治問題である。

本来、事実関係の認定には細心の注意を要するテーマであるはずなのだ。

日系住民迫害の懸念は「あり得ない」？

「南京大虐殺について、被害を大きく見積もった情報ばかりを教えるのは問題では？」

「誇張は望みませんよ。私たちは厳密でありたい。例えば中国政府は30万人説を主張していますが、AEが認可したティーチング資料は、東京裁判で認定された数字に基づいて『20万人以上』と書いています」

尋ねた私に、ジョセフはそう答える。

「しかし、東京裁判自体が必ずしも公平ではないですよ。犠牲者の数が2000人か2万人か、20万人かでは印象が大きく違います。それが未確定なのに、過大な数字ばかりが独り歩きするのは……」

「人数は本質的な問題ではないでしょう。1937年の南京で多くの人が亡くなったことは事実であり、それは歴史の悲劇なのですから」

腑に落ちないが、人数の議論はこれ以上は不毛なので質問を変える。

「AEがカナダの教師たちを中国へのスタディ・ツアーに送り込むことで、中国共産党のプロパガンダに影響される懸念もあるでしょう?」

「それはありません。カナダの教師たちは批判的思考《クリティカル・シンキング》の習慣が身についています。もちろん、中国や韓国には愛国主義色の強い博物館もありますが、ツアー中にこうした施設への違和感を持つと、彼らは私たちに容赦なく問題点を指摘します。カナダの教師は自分の頭で考える習慣を持っているのです」

フローラがかわりに答えた。とはいえ、海の向こうの中国や日本について肌感覚の知識を持たないカナダ人たちが、アイリス・チャンの著書を読まされてから南京大虐殺紀念館を見て、先入観にとらわれずに歴史を解釈することができ得るものだろうか。

「日本軍の対中侵略よりも、1949年以降に中国共産党の統治下で発生した犠牲者数のほうが多いはずですが、こちらは問題視しないのですか?」

「共産中国が有害な行為もおこなってきたのは確かです。しかし、ある歴史的な暴挙を理由に、他の暴挙の正当化はできません。大事なことはそれぞれの不幸な過去を学んで、再び起きないようにすることです」

ジョセフが言う。彼の壁はなかなか厚い。

「カナダ社会で過去の戦争犯罪のイメージが広がることで、欧州系住民や中国系住民による、日系住民への迫害がおこなわれる懸念は持っていませんか？」

「あり得ません。私たちはナショナリズムから離れて、普遍的な人道上の問題を追及しているだけです。むしろ、日本人への民族的な憎しみが煽《あお》られる事態になれば、運動は失敗だとすら言えるでしょう」

フローラが言い切ると、ジョセフが続けた。

「在留日本人の排斥《はいせき》につながることは絶対にない。そうした懸念は大きな誤解です」

だが、現実はおそらく彼らが考えるほど美しくない。

「去年（２０１７年）、近所のスーパーでＡＥのボランティアの若者たちから南京法案への賛成署名を求められたのですが、私は拒否したんです。すると彼らから『それでもあなたは中国人か！』と罵られました」

2月6日午後、トロント市郊外のミシサガにある本人自宅で取材した、中国民主化運動リーダーの盛雪《シェンシュエ》はそう言う。六四天安門事件の生き残りでもある亡命中国人女性の盛雪は、過去の日本の中国侵略よりも、現在の中国共産党の人権弾圧をより憂慮する立場だ。

「ジョセフ氏らが意識していなくても、AEの活動が中国共産党に好都合なのは確かです。近年の若手メンバーには中国大陸出身者が多い。容易に浸透工作を受け得る」

AEの幹部層の多くはジョセフの信念に共感する香港系のエリートたちだが、街で署名スタッフとして動くような若者の多くは、昨今のカナダで激増中の中国大陸出身者だ。

特に留学生の場合は、中国の愛国主義教育を受けて育っている。任意の署名を拒否した同胞すらも罵倒する人たちが、今後も日系住民を迫害しないと言えるだろうか。

帰国後に都内で取材したバンクーバー在住の日系コミュニティの代表者によれば、歴史教育を理由に在留日本人の子どもが学校でいじめられる例もあるという（西海岸のバンクーバーはAEの活動範囲ではないが、現地で「BC.ALPHA」を名乗る別の運動団体が、やはり歴史問題の追及運動をおこなっている）。

ふたつに分かれる日系住民の動き

「あなたは中国が専門なのね。じゃあ、Mさんとか Kさんとか、Aさんは知ってる？」

話の舞台は転じて、ジョセフに会った翌々日の2月7日、トロント公共図書館のカフェテラスである。外で吹きすさぶ猛吹雪を眺めながら、私は自分の母親くらいの年齢の日系カナダ人女性、ミエコ・マキノ（仮名）に会っていた。当方の名刺を見た彼女が、開口一番に言ったのが右の一言だった。

マキノが挙げたのはいずれも、日本国内の地上波のテレビ放送や、『産経新聞』を除く全国紙ではまず名前を見ない「中国の専門家」である保守系の言論人たちだ。カナダで暮らす彼女がなぜ、中国と聞いて彼らの名前を真っ先に口にしたのか。

「いつも『日本文化チャンネル桜』に出ているから。よく見ているの」

チャンネル桜とは、保守系（ネット右翼系）の論調が売りのインターネットテレビ局である。ネットは国境がないだけに、トロントにも視聴者がいるのだ。

マキノは主要メンバー数が8人程度の日系住民の市民サークル「トロント正論の会」の

会員である。「これまでカナダ人として生きてきたが、バッシング（＝ＡＥの歴史問題告発）を受けて日本人に戻ってしまった」と話す。近年の騒動をきっかけに日本人としてのアイデンティティが復活したようだ。

「ＡＥの影響力はとても強く、州内の高校生をどんどん洗脳している。ジョセフには、日本をなにがなんでも悪者にしたいという魂胆があるのでしょう」

これが彼女にとってのジョセフやＡＥのイメージだ。

近年、トロントでの南京大虐殺記念日の法制化（79号法案）に反対する日系住民の動きは、大きく分けてふたつある。なかば公的な機関である日系文化会館や全カナダ日系人協会によるものと、トロント正論の会などの右派系の市民サークルによるものだ。

日系文化会館は日系カナダ人の文化センターで、通常は政治活動はおこなわない。ただ今回は、日本の歴史問題への不用意な強調がカナダの多文化社会に摩擦を与えかねず、過去の日系人の強制収容の歴史を想起させることを理由に、79号法案への反対署名運動をおこなった。署名は２０００人分が集まったという（ただし、ＡＥによる79号法案の賛同署名は10万人を集めている)。日系会館は南京大虐殺の有無や被害規模についての言及は避け、あくまで日系コミュニティの安全を守る立場で動いている。

いっぽうでトロント正論の会は、南京大虐殺の否定論を州議らにメールで伝えるなど、右派寄りの立場から積極的な動きを見せた。帰国後に都内で会った別の正論の会メンバーは「マキノも私も、慰安婦の強制連行も南京大虐殺もでっち上げだと考えています」と話した。この人もやはりチャンネル桜の視聴者だった。

「しかし、カナダでそうした主張をおこなうと、歴史修正主義者《リビジョニスト》だと批判されるのです。これはおかしい」

トロントに限らず北米各地で見られる傾向だが、中国系・韓国系住民からの歴史問題のクローズアップに対して、近年は日本の右派系の新宗教団体や市民団体が強い意見で抗議をおこない、逆にトラブルが起きる例も増えている。

例えば2015年9月にアメリカのサンフランシスコ市議会で開かれた、慰安婦少女像設置をめぐる公聴会では、こうした右派系活動家の日本人が出席者の韓国人元慰安婦に直接「証言は信頼できない」と発言。議場の怒りを買い、逆に満場一致で決議案を採択された事件が起きている。

また、日本のネット右翼がウェブ上で流布されている英文の抗議文をコピー・アンド・ペーストして、歴史問題を審議中の北米の地方議員らに向けて大量にメールを送りつけ、逆に嫌悪感を持たれた例もあるようだ。

もとより戦勝国史観が根付いている北米で、日本国内ですら異論が多い南京大虐殺の全否定論をぶったり、元慰安婦たちの人格面への不信感を強調する主張をおこなったりしても、聞く耳を持たれる可能性はなきに等しい。アメリカのカリフォルニア州や、カナダの各都市のようなリベラルな気風が強い土地ではいっそう然りである。

特にトロントの場合、ＡＥは（少なくとも幹部層は）普遍的な人道主義の看板を掲げ、クリーンでインテリ受けのいい社会運動を展開している。これに対して、日本国内でしか通用しないネット右翼やチャンネル桜的な論理をぶつけたところで、効果が上がらないだけではなく、むしろ日本への悪印象を強める結果をもたらしかねないのではないか。

「極端」な日本人しか接触していなかった！

「非常に不思議なのです。日本は自由で民主的で教育水準も高い国家なのに、国民はなぜ政府に対してチャレンジしないのか？　つまり、政府が歴史を否認し続けることに国民が誰も抗議せず、歴史についての情報も得られていないのはなぜなのですか？」

2月5日、話はイーホン・センターの会議室に戻る。インタビューの終盤、ジョセフは「逆にあなたに尋ねさせてください」と言って、こんなことを訊いてきた。

「いや、日本で普通に中学校の社会科で『南京事件』を習いますよ。南京や慰安婦についで書いてある本も、子ども向けの読み物を含めて図書館にたくさんあります。例えば私は小学校のときから知っていました」

「信じられません。カナダで若い日本人留学生に尋ねると『知らない』と答えますよ」

「彼らは学校の授業を真面目に聞いていなかったか、複雑な話題を嫌っただけでしょう。日本が国家的に情報統制をしているから知らないのではありません」

ジョセフが「聞いた話と違う」と怪訝《けげん》そうな表情を浮かべた。フローラが話を継ぐ。

「私たちと交流がある日本人の市民活動家は『日本では歴史教育の自由が奪われ、教室では真実を語れない』『しばしば右翼の脅迫を受けている』と言っていますが……?」

そうした説明をおこなう人たちが誰かは想像がつく。

AEは2016年、中国の南京大虐殺紀念館の特別研究員も勤める「中日友好人士」で、在野の歴史研究家である市民活動家の著書の英語版を刊行。これまでも彼女を何度もトロントに招いてきた。ほかにもカナダ在住者を含めて、左派系の日本人や日系人の市民活動家の何人かが、AEと密接な関係にある。

「事実、AEやトロントの州議たちには日本から大量の抗議メールが届きます。いずれも自国の歴史問題を完全に否定するような内容です。もちろん、彼らにはそれを発言する権利はありますが、歴史を直視してほしいものです」

あなたたちが目にする日本人は、日本の社会ではいずれもマジョリティとは言えない「サヨク」と「ネトウヨ」なんです——、と言いたくなったが、英語や中国語でその概念を正確に伝えられる自信がなかったので私は口をつぐんだ。困ったことに、ネトウヨが考えなしにおこなうメールボム攻撃が、左派的なイデオロギーを強く持つ市民活動家たちが語る「日本の現実」の傍証になっており、ＡＥ側の日本観にも影響しているようなのだ。

「ともかく日本の普通の人は、市民運動家と歴史修正主義者のどっちでもないいんです。私もそうです」

「じゃあ、あなたは日中戦争や南京大虐殺をどう思うのですか？」

ジョセフが尋ねた。いつの間にか、取材者と取材対象者が逆転している。

「日中戦争は侵略行為だと思いますよ。人数はさておき、南京で民間人や捕虜が多数殺害されたのも確かでしょう。しかし、日本政府は過去の歴史を認めており、公教育でもそれを教えています。中国や韓国の人の心情はともかく、少なくとも日本はすでに謝罪のメッセージを何度も出しています」

「そういう意見を話す日本人に会うのは初めてです」

「いや、主要な新聞やテレビ局の記者も、大手出版社の編集者も、大学の人文系の先生たちも、日本で知的職業に従事する人たちの個人としての考えは、多くがそのくらいの立ち位置だと思いますよ」

「そんなはずはない。なにより、あなたはどう見ても一般的な日本人ではないですよ」

ジョセフが笑った。私の話がウソではないと信じてもらうのが、こんなに難しいとは。

「ジョセフさんは1993年に河野官房長官（当時）が慰安婦問題を認めた河野談話や、1995年に村山総理（同）が大戦中の侵略を認めた村山談話はご存知ですか？」

「知っていますが、あれらの談話は総理や官房長官が個人的に話したものでしょう」

「日本の歴代総理はそこで示された歴史観を踏襲する声明をしばしば出しています」

「とはいえ、国会で可決された政府見解ではないでしょう。誠実ではないと感じます。また、今後どのように過ちに向き合っていくのかという姿勢も感じ取れません」

当たり前ではあるが、主張はあくまでも嚙み合わない。

取材開始から2時間が経った。ジョセフは次の用事があるとのことで、お互いに握手をして今回の「対局」は終了したのだった。

「まさかこんなに『面倒』になるとは」

取材後、AE副会長のフローラの好意で食事をごちそうになり、彼女の車で最寄りの地下鉄駅まで送ってもらった。

取材の様子は文字に起こすと丁々発止《ちょうちょうはっし》の議論に見えるが、実際は談笑しながら会話を楽しむ雰囲気だった。ゆえにＡＥ側から、そこそこ好感を持ってもらえたようなのだ。

フローラに連れて行かれたのは、なぜか奇妙な赤い提灯がぶら下がった日本料理店だった。カナダでは中華料理やタイ料理とともに日本料理も人気なのである。彼女は標準中国語を流暢に話せることもあり、ある程度の打ち解けた会話もできるようになっていた。

「さっき尋ね忘れたんですが、現在の日本の安倍政権が希望しているとされる憲法９条の改正や、再軍備の問題はどう思いますか？」

「個人的な意見になりますが、日本は民主主義国家ですし、それは日本人が自分で決めることだと思いますよ」

注文したトンカツ定食を前に、意外な返事がきた。

「私たちALPHA Educationの『ALPHA』は『Association for Learning & Preserving the History of WW II in Asia（アジアにおける第二次世界大戦の学習と保存のための協会）』の略です。なので、アジアの歴史問題以外のことは、私たちのミッションの範囲じゃないんです」

ＡＥは中国の文化大革命や六四天安門事件については深入りしない姿勢だが、実は日本の改憲や再軍備に対しても同じスタンスなのである。ある意味でブレていないとも言える。

「なので、私たちはたぶん『反日団体』とは言えないと思いますよ」

香港生まれのフローラはロンドン大学教育研究所で修士号を取得後、貿易会社のＣＥＯを経て２００５年にＡＥの専従幹部に移籍した。

寄付文化が盛んな欧米や台湾・香港などでは、慈善団体や社会運動団体での勤務もエリートのキャリア・ルートのひとつとして確立している。特にカナダ社会では、ＬＧＢＴの権利向上やホームレス支援をはじめ、ＡＥのような平和学習運動に限らず多くの分野でさまざまな団体が社会運動に取り組んでいる。

「最初は第二次大戦の史実を勉強して平和教育を広めるって『良い活動じゃない？』と思って、他の社会運動と同じような気持ちで加わったんですよ。そうしたら、やっているうちに政治的な問題がいろいろと出てきて」

帰路の車内で、彼女はハンドルを握りながら言った。

「正直なところ、こんなに『面倒』なことになるとは思っていなかったんですよね」

——ＡＥはオンタリオ州の議会や教育行政に多大な影響力を及ぼし、現地の市民の間では立派な教育団体として敬意を払われている。

事実、社会運動の主体としてのＡＥは、活動理念の説得力やノウハウ、組織力・集金力・広告宣伝力のどれを取っても、日本の市民団体が束になってもかなわないくらい優秀だ。リーダーのジョセフやフローラも、人格的には魅力がある。政治的に相容れない相手とも腰を据えて対話をする、寛容性や論理性も持っている。

だが、ＡＥの活動はその理念自体は「正しく」ても、気づかないうちに中国に都合のいい歴史観を宣伝して中国の体制をサポートしたり、現地の日系住民への偏見や迫害を助長しかねない危険性をはらんでいる。『ザ・レイプ・オブ・南京』をはじめ、イデオロギーによる主張の偏向以前に記述内容の正確性それ自体に疑問が持たれるテキストを、そのまま受け入れている無邪気さも危うい。

彼らの目に入る日本人が、左右を問わず政治的に極端な人が多いために、日本人や日本社会に対するかなり偏った認識が形成されている問題もある。

日本の政治や社会の実態を充分に把握せず、日中（もしくは日韓）両国の間では歴史問題が生々しい政治に直結していることへの目配りをおこなわないまま、日本の歴史問題をカナダの公教育に組み込んでいく活動は、どう考えても歪んだ結果しか生みそうにない。

さいわい、彼らは対話が可能な人たちだ。活動に釘を刺さないまでも、せめて日本の政府見解を「色」を付けずに継続的に伝えたり、学術的な根拠のある穏健な見解を早いうちに示したほうがよいのではないか。ＡＥは非常に勢いがあり、ある意味で魅力的な組織であるだけに、このままではやがて大変なことになりそうな気がする。

暖房のきいたトロント地下鉄の車内で時差ボケの眠気に耐えながら、私はそんなことを考え続けていた。

おわりに

よくもまあ、これだけあちこち行って、いろんなことをやったものだ。

しみじみと覚える感想である。各章とコラムの内容はいずれも本来は雑誌への寄稿記事であり、期間も2015年夏〜2018年春ごろまでとバラバラだ。私の興味関心の違いもあって、取材の掘り下げや考察の深さは、章によってかなりの差がある。私はやはり、怪しい場所への潜入や歴史関連の話題の考察になるとテンションが上がるようである。

近年、政治と経済の両面において中国の台頭は目覚ましく、アメリカと世界を分け合う強国として、21世紀の国際社会で巨大な影響力を行使する存在へと成長しつつある。

だが、そんな新興の大国の社会を覆っている薄皮の一枚下にあるのは、過去の王朝時代のDNAだったり、発展の速度と社会の実情とのギャップだったり、常に政治の意向に左右され続ける庶民の姿だったりする。紋切り型の解釈を離れて、中国を肌感覚で理解するうえで大事なのは、こうした一言では形容しがたいディープな要素だ。

本書の各章では、これらの要素を示すことを試みたのだが、うまくいったであろうか？

最後にそれぞれ、取材の後日譚や余談を紹介しておこう。

〈**第1章**〉

三和《サンホォ》のネトゲ廃人だった譚茂陽《タンマオヤン》とはまだ連絡がある。彼は廃人生活を脱出し、カタギの仕事をして車を買って、もうすぐ結婚すると伝えてくれた。私が祝福したところ、

「ところで最近さ、絶対に儲かる株の秘訣を聞いたんだぜ」

「……おいちょっと待て」

「ウソじゃねえんだって。すっげえ信用できる人なんだよ！」

などと、非常に怪しげな会話が始まってしまった。フリーエージェントな人生を送る彼が再び三和暮らしに戻ることにならないか、老婆心ながらものすごく心配している。

〈**第2章**〉

この章でいっしょにアフリカ人街を探検したアジアITライターの山谷剛史とは、何度か共同して広州《グアンヂョウ》探検をおこなっている。

2017年4月には、昨今の中国イノベーションを代表する現象とされる、キャッシュレスのスマホ決済がどこまで「意識が低い」場所でも使えるか調べるため、広州市内の石《シィ》牌《パイ》村や郊外の人和鎮《レンヘェ》をめぐった。石牌村は街の時間が「外」と比べて15年は古そうな、違法建築だらけの下町。人和鎮は郊外の空港のすぐ近くにある、中国人向けの安宿が軒を並べる場末感にあふれた街である。

結果、石牌村では廃屋みたいな場所で営業中の菜っ葉屋（「八百屋」と呼ぶのもはばかられる）や、地元のちびっこ御用達の路地裏の駄菓子屋でも、スマホ決済が可能であることが判明した。人和鎮ではなんと、夜のスラムでピンク色の看板を煌々と輝かせている怪しいマッサージ店ですら、呼び込みのお姉さんに「微信支付《ウェイシンヂーフー》（ウィーチャット・ペイ）も支付宝《ヂーフーバオ》（アリペイ）もOKよ！」とノリ良く返されてしまった。

こちらの話は『週刊プレイボーイ』（集英社）に寄稿した。中国の場末探検は楽しい。

〈**第3章**〉

中国の紅色旅遊スポットは、他にもいくつか行ったことがある。例えば２０１８年3月に、『ニューズウィーク』日本版で中国人技能実習生問題を取材するために江西省《ジャンシー》を訪れた際は、人民解放軍の建軍に関係する「南昌八一起義記念館」を見てきた。敷地の入口では当時の紅軍兵士の服装を15元（約２４０円）で貸し出しており、党員カップルが２人で紅軍兵士コスプレをしてスマホで自撮りをしまくっていた光景が印象的だった。

陝西省《シャンシー》の延安革命記念館では、毛沢東《マオゼェドン》や習近平《シイジンピン》への個人崇拝的な品物が大量に売られていたのに対して、南昌八一起義記念館は習近平の存在感が薄く、周恩来《ジョウエンライ》や鄧小平《デンシャオピン》の扱いが大きかった。往年の周や鄧は文革に心情面では距離を置く立場で、１９８０年代以降の中国共産党は胡錦濤《フゥジンタオ》時代（〜２０１２年）までは彼らにつながる考えを持つ派閥が主流派を占めていた。

現在の陝西省の延安革命記念館は文革に親和的な習近平派のシマで、江西省の南昌八一起義記念館は往年の反文革派に連なる「党内野党」的な派閥のシマなのかもしれない。中国共産党の博物館を見ながら、展示の裏事情を想像するのは面白いものがある。

〈**第4章**〉

このときの取材では同じ河北省《ヘェベイ》の石家《シィジャー》荘《ヂュアン》市郊外にある正定《ヂェンディン》県にも足を踏み入れた。こちらは一九八二年に習近平の最初の赴任地になった土地だ。習は当時、正定県の経済改革に成功したほか、清朝時代の街並みを再現した映画村を建設している。

実際に行ってみたところ、ゆかりの地にもかかわらず陝西省の梁家河《リャンジャーヘェ》村のような個人崇拝的なキャンペーンはほとんどなく、習近平ウォッチャーの私には肩透かし感があった。映画村の周囲の建物は改装中で、人影はまばらである。この正定県は三国志の武将の趙雲《ちょううん》の故郷とされ、街の中心に巨大な趙雲像があったことくらいしか特筆すべき話がない。往年の習近平の統治の成果なのか、雄安新区《ションアンシンチュイ》の各県と比べると全体的に豊かな雰囲気を感じさせる街だった。

〈**第5章**〉

内モンゴル取材の合間にはフフホトの内蒙古博物院とオルドスのオルドス博物館を見に行っている。オルドス博物館の空虚なハコモノぶりは本文で書いたが、内蒙古博物院は古生物から北方諸民族の歴史まで展示物が充実しており好感が持てた。印象的だったのは、近年の中国全体の風潮とは違って、少数民族を過剰に「中華民族」の枠組みに組み込むような主張が薄く、展示内容にモンゴル族に対する一定の配慮が感じられたことだ。

中国で（名目上は）自治区を与えられている少数民族でも、歴史的に見て中国の成り立ちに密接に関係したモンゴル族と、事実上は中華人民共和国が建国されてから中国の支配下に組み込まれたウイグル族やチベット族とでは、当局としても扱いがちょっと違ってくるらしい。個人的には興味深い現象だ。

〈第6章〉

取材中、プノンペン市内でポル・ポト政権の政治犯収容所だったS21（トゥール・スレン虐殺犯罪博物館）や、大量虐殺がおこなわれた郊外のチュンエクにあるキリング・フィールドも見てきた。往年、ポル・ポト政権は中国の毛沢東主義の影響を受け、中国もそんなポル・ポトをバックアップしてきた歴史がある（もっとも、日米両国もソ連とベトナムへの対抗のためにポル・ポト派を支持していた時期があるが）。

「中国のポル・ポト支援なんて過去の歴史だろ？　カンボジア人もそんなことは気にしていない。俺たちは意識したこともないよ」

S21の近所にあるお好み焼き屋で取材した中国人ビジネスマンは、近年の中国のカンボジアへの影響力の拡大を誇らしげに語った後で、屈託のない口調でそう言い切った。

ポル・ポト時代やその後の内戦の影響でホワイトカラー向きの人材が不足しているカンボジアにおいて、中国・韓国・日本などの外資系企業は管理職に中国人を登用し、あちこちのオフィスや工場では中国人上司がカンボジア人を管理するようになっている。

本当にカンボジア人は「過去を気にしていない」のか。複雑な気持ちになる話である。

〈第７章〉

取材の過程で、南京の利済巷《リージーシャン》慰安所を再発見した北朝鮮人元慰安婦の朴永心《パクヨンシム》（故人）についても調べてみた。朴は晩年の２０００年、東京で開かれた民間イベント「女性国際戦犯法廷」で証言をしたことがあり、日本語でもいくつか聞き取り資料が存在する。

すると、朴が慰安婦だった当時の被害証言が、『「慰安婦」戦時性暴力の実態［I］』（VAWW-NET Japan編、緑風出版、２０００年）と、『証言 未来への記憶 アジア「慰安婦」証言集I』（アクティブ・ミュージアム「女たちの戦争と平和資料館」編、明石書店、２００６年）の両書で、それぞれ食い違っていることがわかった。

例えば、２０００年の本では日本兵に首を軍刀で斬りつけられて怒鳴られながら強姦されたという話が、２００６年の本では日本兵の性暴力に抵抗したところたまたま軍刀が首をかすり、兵士が慌てて止血したが血が止まらず慰安所経営者に医者を呼んでもらったことになっている。

この証言のブレは、きっと本文で登場した中国人元慰安婦の雷桂英《レイグイイン》と似た事情があったからだろう。なので、私は朴が必ずしも故意に不誠実な証言をしたとは思わない。

ただ、この2冊はどちらも「女性国際戦犯法廷」系の市民団体から刊行され、責任編集担当者や寄稿者には重複する人物が何人もいる。つまり、ほぼ同じ人たちが日本軍の性暴力を告発する運動のなかで刊行した本なのに、告発の根拠になる証言の内容がまったく一致していないのだ。
彼らが朴の証言の不一致を知ったうえで無視して刊行したのか、過去の著書と事実関係を突き合わせなかったのかは不明だ。ただ、少なくとも日本国内の市民活動家には、歴史を「不誠実」に取り扱っている人たちがいることを指摘しておきたい。

〈**第8章**〉

ALPHA Educationと同じ「ALPHA」を冠した中国系住民の運動組織は、カリフォルニア州サンマテオに連絡先を置く「世界抗日戦争史実維護連合会」(Global Alliance for Preserving the History of WW II in Asia)を筆頭に、その傘下組織であるサンディエゴの「列強侵華史実維護協会」や、これらとの関係は不明ながらカナダのブリティッシュ・コロンビア州にある「BC.ALPHA」など、北米各地にいくつも存在する。一部の日本語メディアでは、彼らが歩調を合わせて反日運動をおこなっていると報じられることもある。
だが、略する前の「ALPHA」の内容が一致していないことからもわかるように、AEとこれらの組織とのヨコのつながりはあまりない。というより、中華民族のナショナリズム色が濃い他の団体を嫌がったジョセフが、彼らと徐々に袂《たもと》を分かって組織を教育団体に再編しなおしたのがトロントのAEであるかとも思われる。インタビュー中に、他の団体から中傷を受けていると語っていたのが印象的だった。

ところで、取材時点では友好的だったAEだが、その後にメールの返事が来なくなった。そこで2018年4月、AEと関係が深い日本の市民団体が、カナダからAE副会長のフローラ・チョンを招聘して大阪で慰安婦関連の集会を開いていたので、会いに行ってみることにした。

私が『SAPIO』で書いた記事は、代表のジョセフ・ウォンが対日憎悪感情を持たない人道主義者であることや、日本のネット右翼系陣営の空回りについても言及した穏健な内容だった。だが、市民団体としては保守寄り論調が目立つ『SAPIO』という雑誌にAEの記事を寄稿した行為自体が由々しき問題であったらしい。

録音機能をオンにしたスマホを机の上に置き、フローラのスピーチを聞いていた私は、入場の直後からばっちりマークされ「安田さん！　無断で録音するなんてあなたはそれでもジャーナリストですか！」と、大声を張り上げる市民活動家のおばちゃんから名指しで叱責されたのだった（外国人が登壇する公開講演会で録音を禁止するのは、原語と通訳内容の差を後でチェックできないので問題があると思うのだが）。

「あなたは右翼の悪い雑誌に、私たちを非常に中傷する記事を書いたと聞きました」

講演後、フローラに声をかけるとそんな返事が来た。記事の内容を解説して、私が他に中国人技能実習生問題の告発記事を書いたり六四天安門事件のルポルタージュ（『八九六四』ＫＡＤＯＫＡＷＡ）を書いていることも説明して誤解を解いたが、なかなか大変だ。

言語が通じない他国に接触する際に、特定のイデオロギーを持つ陣営のチャンネルだけを理解の窓口にする行為は危うい。ＡＥ側の「誤解」を聞きながら、つくづく自省を込めてそう感じたのであった。

＊

本書が出来上がるまでには多くの方のお世話になった。ひとりひとりの名前は挙げないが、書中で取材に協力してくださったさまざまな方にお礼を申し上げたい。

10回以上の海外現地取材は、すべて小学館の『ＳＡＰＩＯ』誌の企画でおこなわせてもらったものだ。保守寄り論調が目立つとされる同誌だが、掲載時にそれっぽい「見出し」は付くものの、本文については私の平素の姿勢通りの文章をなんら曲げずに載せてくれる同誌担当編集者の柏原航輔氏の誠実な姿勢には、いつも心より感謝している。

本書のコラム部分を除く各章は、雑誌掲載時から3〜4倍程度の大幅な加筆をおこなっており、実質的にはほぼ書き下ろしに近い。担当編集者である及川孝樹氏からの、適切なアドバイスとスケジュール管理がなければ、書籍として日の目を見ることはなかった。あらためて感謝を述べたい。

中国の「さいはて」は、きっと世界中にまだまだ存在する。

次なる冒険を楽しみにしつつ、ここに筆を擱きたい。

２０１８年９月４日

東京都府中市内の仕事場にて

本文ＤＴＰ／ためのり企画
地図作成／infographics 4REAL
写真／安田峰俊

安田峰俊［やすだ・みねとし］

1982年、滋賀県生まれ。ルポライター。立命館大学人文科学研究所客員研究員。立命館大学文学部卒業後、広島大学大学院文学研究科修士課程修了（専攻は中国近現代史）。著書に『八九六四』『和僑』『境界の民』（以上KADOKAWA）、『野心 郭台銘伝』（プレジデント社）、編訳書に『「暗黒・中国」からの脱出』（文春新書）など。

さいはての中国

二〇一八年 一〇月八日 初版第一刷発行

著者 安田峰俊
発行人 飯田昌宏
発行所 株式会社小学館
〒一〇一－八〇〇一 東京都千代田区一ツ橋二ノ三ノ一
電話 編集：〇三－三二三〇－五八〇一
販売：〇三－五二八一－三五五五

印刷・製本 中央精版印刷株式会社

© Minetoshi Yasuda 2018
Printed in Japan ISBN978-4-09-825335-7

造本には十分注意しておりますが、印刷、製本など製造上の不備がございましたら「制作局コールセンター」（フリーダイヤル 〇一二〇－三三六－三四〇）にご連絡ください（電話受付は土・日・祝休日を除く九：三〇～一七：三〇）。本書の無断での複写（コピー）、上演、放送等の二次利用、翻案等は、著作権法上の例外を除き禁じられています。本書の電子データ化などの無断複製は著作権法上の例外を除き禁じられています。代行業者等の第三者による本書の電子的複製も認められておりません。

小学館新書
好評既刊ラインナップ

凶暴老人　認知科学が解明する「老い」の正体　川合伸幸 316

「キレる高齢者」問題は深刻だ。暴行に限っていえば、平成8年から約3.7倍と激増している。しかも世界で日本だけの特徴だ。これは何に起因しているのか。認知科学の第一人者が豊富な実証実験を元に解き明かす。

仕事にしばられない生き方　ヤマザキマリ 324

チリ紙交換のバイトに始まり、絵描きに、大学教師、料理講師、温泉リポーター、普通の勤め人等々、幾多の職業を経験。働くことの意味を考え続けてきた漫画家が、体験を元に語る、仕事やお金とのつきあい方。

新版　動的平衡2　生命は自由になれるのか　福岡伸一 333

「生命は宇宙から来たのか」「動物はなぜ生まれたのか」「ヒトとチンパンジー、遺伝子はほぼ同じなのに、なぜ大きく異なるのか」など、身近な問いから最先端のサイエンスを紹介する。「福岡ハカセの生命理論」決定版！

「首尾一貫感覚」で心を強くする　舟木彩乃 334

不安やストレスに勝つ“魔法の力”――それが、過酷な人生経験をしながらも前向きに生きる人々が持つ「首尾一貫感覚（SOC）」だ。のべ8000人以上をカウンセリングした気鋭の研究者による最新ストレス・マネジメント術。

さいはての中国　安田峰俊 335

“アジアのシリコンバレー”深圳をさまようネトゲ廃人、広州に出現したアフリカ人村、内モンゴルの超弩級ゴーストタウンほか。中国の「今」を探して、東南アジア、北米カナダまで弾丸ルポルタージュ11連発。

日本史真髄　井沢元彦 318

500万部突破のベストセラー『逆説の日本史』の著者が30年以上かけて体得した極意を初公開。「ケガレ」「和」「怨霊」「言霊」「朱子学」「天皇」の6テーマで日本史を捉え直す。この1冊で100冊分の教養が身につく決定版！